अमीरी रेखा

[कविता-संग्रह]

अमीरी रेखा

कुमार अंबुज

राधाकृष्ण प्रकाशन

ISBN 978-81-8361-448-1

अमीरी रेखा (कविता-संग्रह)

पहला संस्करण : 2011
दूसरा संस्करण : 2019

मूल्य : ₹295

प्रकाशक
राधाकृष्ण प्रकाशन प्राइवेट लिमिटेड
जी-17, जगतपुरी, दिल्ली-110 051

शाखाएँ : अशोक राजपथ, साइंस कॉलेज के सामने, पटना-800 006
पहली मंजिल, दरबारी बिल्डिंग, महात्मा गांधी मार्ग, इलाहाबाद-211 001
36 ए, शेक्सपियर सरणी, कोलकाता-700 017

वेबसाइट : www.radhakrishnaprakashan.com
ई-मेल : info@radhakrishnaprakashan.com

मुद्रक
बी.के. ऑफसेट
नवीन शाहदरा, दिल्ली-110 032

AMEEREE REKHA
Poems by Kumar Ambuj

“दुनिया में अभी तक कोई वर्ग विहीन कला नहीं है क्योंकि वर्ग विहीन समाज नहीं है।”

—ऋत्विक घटक

उन दोस्तों के लिए
जिन्होंने मुश्किल वक़्त में कोई बहाना नहीं बनाया

क्रम

यहाँ तक आते हुए

जैसे एक दोपहर की चमक घास कपास नमक
मेरे पास अभी भी हैं इतनी नन्ही और नाज़ुक चीज़ें
जिन्हें न तो युद्ध के ज़रिये बचा सकता हूँ
और न ही शास्त्रार्थ से
शायद उन्हें ज़िद से बचाया जा सकता है या फिर आँसुओं से
छोटी-सी आज़ादी के लिए यही एक प्रस्तावना है
लेकिन सिद्ध करने के लिए मेरे पास कुछ नहीं
न ही कोई ऐसी जगह जहाँ लगाई जा सके पताका
मेरे पास केवल मेरा यह जीवन है जो जहाँ है जैसा है वैसा है

मैं एक अयाचित परछाईं अपने होने के स्वप्न की
स्वप्न वह जीवन जिसे मैं जी नहीं पाया
और इस असफलता का दुख यहीं छोड़ते हुए
एक और सपने के साथ बढ़ना चाहता हूँ आगे
जैसे मैं एक लहर हूँ, एक पत्ता और हवा की आवाज़
शब्दों की नमी कहती है, बारिश हो रही है पास में कहीं

परिजनों का जीवन बचाते हुए एक दिन मेरे गले में मेरे संवाद नहीं थे
मेरी क्रियाओं में शामिल नहीं थीं मेरी इच्छाएँ
और फिर इस बात ने भी रास्तों को दुर्गम बनाया
कि जिन्हें करता था प्यार उनके विचारों का नहीं कर पाया सम्मान
फिर भी यहाँ तक चले आने में

सिर्फ़ मेरे ही क़दम शामिल नहीं हुए, धन्यवाद
कि पास में ही कई लोग चलते रहे मेरी भाषा बोलते
अँधेरे में भरते हुए आवाज़ों का प्रकाश

कद्‌दू की बेल, कत्थई मैदान, अमावस की रात
चींटी, एक सिसकी, एक शब्द
और एक बच्चे ने मुझे बार-बार अपना बनाया
इन्हीं सबके बीच माँगता रहा कुल तीन चीज़ें—
पीने का पानी, आज़ादी और न्याय

हालाँकि कई कोने कईं जगहें ऐसी भी रहीं
जहाँ नहीं पहुँच सके मेरी कोशिशों के हाथ
लेकिन समुद्र की आवाज़ मुझ तक पहुँचती रही
करोड़ों मील दूर से चल कर आती रही सूर्य की किरण
मैंने देखा एक स्त्री ने अपने तंग दिनों में भी एक जन को
कहीं और नहीं पहले अपनी आत्मा में
और फिर अपने ही गर्भ में जगह दी
इन बातों ने मुझे बहुत आभारी बनाया
और जीवन जीने का सलीक़ा सिखाया

यह ठीक है कि कई चीज़ों को मैं
उतनी देर ठिठक कर नहीं देख सका
जितनी देर तक के लिए वे एक मनुष्य से आशा करती थीं
कई अवसरों को भी मैंने खो दिया
मैं उम्मीद में गुनगुनाता आदमी था धनुर्धारी नहीं
मेरे पास जीवन एक ही था और वह भी ग़लतियों
चूकों और नाकामियों से भरा
लेकिन उसी जीवन के भीतर से
आती थीं कुछ करते रहने की आवाज़ें भी
कितना काम करना था कह नहीं सकता कितना कर पाया
इतना तो ज़रूर ही हुआ कि मैं अपनी ग़लतियों से भी पहचान में आया।

जिन्हें तुम धन्यवाद देना चाहते हो

फिर न वह पेड़ वैसा बचता है और न वैसी रात आती है
न ओंठ रहते हैं और न पंखुरियाँ
रूपकों और उपमाओं के अर्थ ध्वनित नहीं हो सकते
कार्तिक जा चुका है और ये पौष की रातें हैं जिनसे सामना है

जीवन में रोज़ ऐसा होता है कि कृतज्ञता ज्ञापित
कर सकने के क्षण में हम सिर्फ़ अचंभित रह जाते हैं
और फिर वक़्त निकल जाता है

बाद में तुम पाते हो कि वे आदमी और जगहें ध्वस्त हो चुकी हैं
या इतनी बदल गई हैं कि उन्हें धन्यवाद देना
किसी अजनबी से कुछ कहना होगा

लेकिन इससे हमारे भीतर बसा आभार
और उसका वज़न कम नहीं हो जाता
एक निगाह, एक हाथ और एक शब्द ने
यहाँ तक जीवित चले आने में हर एक की मदद की है
और इतने अचरज हमारे साथ हैं कि दुनिया में स्वाद है

धन्यवाद न दे सकने की कसक भी साथ चली आती है
जो घेर लेती है किसी मौसम में या टूटी नींद में
जिन्हें तुम धन्यवाद देना चाहते हो

उन्हें अब खोजना भी मुश्किल है
और जो सामने हैं उनके बरअक्स तुम
फिर अचकचाये या सकुचाये खड़े रहते हो

हालाँकि कई चीज़ें तुम्हारी भाषा नहीं समझतीं
पतझड़, झरने, चाय की दुकान और अस्पताल की बैंच
लेकिन उनसे तुम्हारा बर्ताव ही बताएगा कि तुम
आखिर कहना क्या चाहते हो

शायद इसलिए ही कभी सोच समझकर या अनायास ही
तुम उनके कंधे पर अपना सिर रख देते हो।

गिरते उड़ते पत्ते

इसमें अचरज और स्मृतियों का दोहराव है
कि दृश्य में अब सिर्फ़ पत्ते उड़ रहे हैं :
पीले, भूरे, सूखे, मद्धिम हरे

गिरते हुए पत्ते किसी का इंतज़ार नहीं करते
हालाँकि हमें लगता है वे हमारी ही प्रतीक्षा में थे
और हमें देखते ही उन्होंने गिरना-उड़ना शुरू कर दिया है
वे उड़ रहे हैं जैसे बच्चे मैदान में, गलियों में, सड़कों पर दौड़ते-भागते हैं
गिरते-पड़ते, धकियाते, आगे निकलते, शोर करते, सीटी बजाते

सब तरफ़ उनके उड़ने का संगीत है
असीम दूरी तक उड़ते चले जाने
और पलटकर देखने की हार्दिकता है
इसमें पुनरावृत्ति है लेकिन सुंदरता और दुख
चरमराहट और उम्मीद है

वे नींद में गिरते हैं
और स्वप्नों को भरते हैं अपनी उड़ान से
उड़ते ही चले जाते हैं डाली से टूटे हुए पत्ते

कहीं अटका हुआ कोई पत्ता खड़खड़ाता है

पानी किनारे के पेड़ों के पत्ते
अपनी छाया के साथ एक सूखते हुए से आईने में गिरते हैं
और कई बार तो सिर्फ़ किसी गहराई में
अंधों की तरह गिरते हैं सड़क किनारों के पत्ते
घर किनारे के वृक्ष के पत्ते गिरते हैं घर के लोगों की तरह
छतों पर, आँगन में, सीढ़ियों पर, जब हम सो रहे होते हैं

जो गिरते उड़ते पत्तों को देखकर विकल नहीं होते
थम नहीं जाते
पत्ते उन्हें भी देखकर कुछ सोचते हुए से ठिठकते हैं
और फिर हवा उन्हें उड़ा ले जाती है।

घास बनकर भी चैन नहीं

आज रात मैं मोजार्ट को सुनना चाहता था
और मल्लिकार्जुन मंसूर को
या इस अँधेरी रात को
जिसमें आवाज़ों का एक विशाल घर है

मनुष्य को बचाती है उसकी आदिम प्रकृति
फिर उस पर एक सुबह गिरती है ओस
कुछ उड़ती पत्तियाँ ठहरती हैं उसके कंधों पर
वह कायान्तरित हो जाता है घास में
वहाँ उसे मिलते हैं छोटे-छोटे फूल, चीटियाँ और गुबरैले
इस तरह इस ज़िंदगी में भी वह अकेला और उदास नहीं रहता

वह घास बनकर भी गुज़ार सकता था चैन से जीवन
मगर घास पर लगातार टपकता है ख़ून
भगदड़ में दब गये हैं चींटियाँ और फूल
गुबरैलों का पता नहीं क्या हुआ
और घास बनकर भी चैन नहीं

मैं एक टूटा-फूटा मनुष्य
जो अपनी मरम्मत के लिए सुनना चाहता था संगीत

या अँधेरी रात की अनाम आवाज़ों में कुछ देर रहना चाहता था
अब यहाँ घास के मैदान में हूँ
जिस पर ख़ून के रंग की ओस गिरती है
जो सुबह की रोशनी में कुछ अजीब ढंग से चमकती है।

रचना प्रक्रिया

अमावस्या के दिन सुबह से ही तारों का वैभव दिखता है
जैसे पूर्णिमा का चाँद दिखना शुरू होता है द्वादशी से ही

दिखने लगती हैं ओट में छिपी चीज़ें
जो रोज़ दिखते हुए भी नहीं दिखतीं
जैसे एक आदमी और दो बच्चों की आतिशबाज़ी की
रोशनी में दुबकी दिखती है एक स्त्री की निष्प्रभता

अंधे कुएँ में की किसी धातु से परावर्तित होती है
प्रकाश की रेखा

वहीं मिलता है भाषा का फलदार वृक्ष
जिसकी डालियाँ छूने भर से झुकने को आतुर
रसायनों भरे प्रदीप्त क्षणों में से उठती है आवाज़ें :
    अगर हमारे जीवन में जोख़िम नहीं
    तो तय है वह हमारे बच्चों के जीवन में होगा
    सिर्फ़ संपत्तियाँ उत्तराधिकार में नहीं मिलेंगी
    ग़लतियों का हिसाब भी हिस्से में आयेगा

फिर दिखाई देता है खोने के लिए
एक शांत किस्म का व्यक्तिगत जीवन
जिसे इस जगह तक भी कोई इच्छा, एक प्रेम,

एक दया, एक हँसी
और एक छोटी-सी ज़िद ले आई है खींचकर

इसी जीवन में ट्रक की तेज़ी से गुज़रते हैं हादसे
जिनसे ख़ाली होती हुई जगह को
उसी वेग से भरती जाती है
पीछे से दौड़कर आती जीवन की हवा।

सब तुम्हें नहीं कर सकते प्यार

यह मुमकिन ही नहीं कि सब तुम्हें करें प्यार
यह तुम जो बार-बार नाक सिकोड़ते हो
और माथे पर जो बल आते हैं
हो सकता है किसी एक को इस पर आए प्यार
लेकिन इसी वजह से कई लोग चले जाएँगे तुमसे दूर

सड़क पार करने की घबराहट, खाना खाने में जल्दबाज़ी
या ज़रा-सी बात पर उदास होने की आदत
कई लोगों को तुम्हें प्यार करने से रोक ही देगी
फिर किसी को पसंद नहीं आएगी तुम्हारी चाल
किसी को आँख में आँख डालकर बात करना गुज़रेगा नागवार
चलते-चलते रुककर इमली का पेड़ देखना
एक बार फिर तुम्हारे ख़िलाफ़ जाएगा

फिर भी यदि तुमसे बहुत से लोग एक साथ कहें
कि वे सब तुमको करते हैं प्यार तो रुको और सोचो
यह बात जीवन की साधारणता के विरोध में है

यह होगा ही कि तुम धीरे-धीरे अपनी तरह का जीवन जिओगे
और अपने प्यार करनेवालों को
अजीब मुश्किल में डालते चले जाओगे
जो उन्नीस सौ चौहत्तर में, उन्नीस सौ नवासी में

और दो हज़ार पाँच में करते थे तुमसे प्यार
तुम्हारी जड़ों में देते थे पानी
और कुछ जगह छोड़ कर खड़े होते थे कि तुम्हें मिले प्रकाश
वे भी एक दिन इसलिए जा सकते हैं दूर कि अब
तुम्हारे जीवन की परछाईं उनकी जगह तक पहुँचती है
तुम्हारे पक्ष में सिर्फ़ यही बात हो सकती है
कि कुछ लोग तुम्हारे खुरदरेपन की वजह से भी
करने लगते हैं तुम्हें प्यार

जीवन में उस रंगीन चिड़िया की तरफ़ देखो
जो किसी का मन मोह लेती है
और ठीक उसी वक़्त एक दूसरा उसे देखता है
शिकार की तरह।

जैसे विरोध करने की कोई उम्र होती है

बेकार है इस उम्र में किसी तरह का विरोध करना
एक बेटी अभी तक है अनब्याही
जब उम्र थी कई लोगों से ली बुराई
अब ठीक यही हिलमिल कर गुज़ारें जीवन
क्या पता कब क्या मुश्किल आये
अस्पताल भी जाना पड़ सकता है आधी रात में
अपने बच्चे ही नहीं सुनते जब कोई बात
तब परिषदों, अधिकारियों, अकादमियों से क्या टकराना
क्या नारेबाजी और क्या भृकुटि को तलवार बनाना

मुद्दा ठीक है लेकिन जिसके ख़िलाफ़ है
उससे मेरे अड़तीस साल पुराने संबंध
समर्थन भी तो मित्रता का ठहरा एक आधार
फिर भी देता मैं तुम सबका साथ
लेकिन देखो, मुझे खाँसी भी आती है बहुत
हाथ काँपते हैं ज्ञापन पर दस्तख़त भी मुश्किल
इधर अब तो मेरी प्रतिष्ठा भी यही हो चली है :
वरिष्ठ हैं, समावेशी हैं, चुप रहते हैं, ग़म खाते हैं।

अमीरी रेखा

मनुष्य होने की परंपरा है कि वह किसी कंधे पर सिर रख देता है
और अपनी पीठ पर टिकने देता है कोई दूसरी पीठ
ऐसा होता आया है, बावजूद इसके
कि कई चीज़ें इस बात को हमेशा कठिन बनाती रही हैं

और कई बार आदमी होने की शुरुआत
एक आधी-अधूरी दीवार हो जाने से, पतंगा, ग्वारपाठा
या एक पोखर बन जाने से भी होती है
या जब सब रफ़्तार में हों तब पीछे छूट जाना भी एक शुरुआत है
बशर्ते मनुष्यता में तुम्हारा विश्वास बाक़ी रह गया हो

नमस्कार, हाथ मिलाना, मुस्कराना, कहना कि मैं आपके
क्या काम आ सकता हूँ—
ये अभिनय की सहज भंगिमाएँ हैं और इनसे अब
किसी को कोई ख़ुशी नहीं मिलती
शब्दों के मानी इस तरह भी ख़त्म किये जाते हैं
तब अपने को और अपनी भाषा को बचाने के लिए
हो सकता है तुम्हें उस आदमी के पास जाना पड़े
जो इस वक़्त नमक भी नहीं ख़रीद पा रहा है
या घर की ही उस स्त्री के पास
जो दिन-रात काम करती है
और जिसे आज भी सही मज़दूरी नहीं मिलती

बाज़ार में तो तुम्हारी छाया भी नज़र नहीं आ सकती
उसे चारों तरफ़ से आती रोशनियाँ दबोच लेती हैं
वसंत में तुम्हारी पत्तियाँ नहीं झरतीं
एक दिन तुम्हारी मुश्किल यह हो सकती है
कि तुम नश्वर नहीं रहे

तुम्हें यह देखने के लिए जीवित रहना पड़ सकता है
कि सिर्फ़ अपनी जान बचाने की ख़ातिर
तुम कितनी तरह का जीवन जी सकते हो

जब लोगों को रोटी भी नसीब नहीं
और इसी वजह से साठ-सत्तर रुपये रोज़ पर तुम एक आदमी को
और सौ-डेढ़ सौ रुपये रोज़ पर एक पूरे परिवार को ग़ुलाम बनाते हो
और फिर रात की अगवानी में कुछ मदहोशी में सोचते हो,
कभी-कभी घोषणा भी करते हो–
मैं अपनी मेहनत और क़ाबलियत से ही यहाँ तक पहुँचा हूँ।

परचम

वहाँ एक फूल खिला हुआ है अकेला
कोई उसे छू भी नहीं रहा है
किसी सुबह शाम में वह झर जाएगा
लेकिन देखो, वह खिला हुआ है

बारिश, धूल और यातनाओं को जज़्ब करते हुए
एक पत्थर भी वहाँ किसी की प्रतीक्षा में है
आसपास की हर चीज़ इशारा करती है
तालाब किनारे अँधेरी झाड़ियों में चमकते हैं जुगनू
दुर्दिनों के किनारे शब्द

मुझे प्यास लग आयी है और यह सपना नहीं है
जैसे पेड़ की यह छाँह मंज़िल नहीं
यह समाज जो आख़िर एक दिन आज़ाद होगा
उसकी संभावना मरते हुए आदमी की आँखों में है
और असफलता मृत्यु नहीं है

यह जीवन है, धोखेबाज़ पर भी मुझे विश्वास करना होगा
निराशाएँ अपनी गतिशीलता में आशाएँ हैं

'मैं रोज़ परास्त होता हूँ'–
इस बात के कम से कम बीस अर्थ हैं

यों भी एक-दो अर्थ देकर
टिप्पणीकार काफ़ी कुछ नुक़सान पहुँचा चुके हैं
गणनाएँ असंख्य को संख्या में न्यून करती चली जाती हैं

सतह पर जो चमकता है वह परावर्तन है
उसके नीचे कितना कुछ है अपार
शांत, चपल और भविष्य से लबालब भरा हुआ।

कुछ युग्म

[यों ही]

ताजमहल और निरंकुशता
बुख़ार और गिलहरी
दूब और कार्यालय की मेज़
वासना और फटी हुई कमीज़
ऊब और कंप्यूटर
पतझड़ और किशोरावस्था
दो स्वर्ण पदक
और तीन आत्महत्याएँ।

झण्डा वंदन

शुरुआत में कुछ वृक्ष
और अब कई मनुष्य काटकर गिरा दिए गए
धरती पर गिरने की उनकी आवाज़ को जैसे किसी ने नहीं सुना
इसी दौरान जब एक राहगीर से पूछा गया उसका नाम
तो उसने उम्मीद में अपना एक नाम ख़ुदा का भी बताया
मगर सर्वशक्तिमान का नाम भी उसके काम न आया

मैं यह सब देखता हूँ और कहता हूँ मैंने कुछ नहीं देखा
आँसू भी बहाता हूँ, जलेबियाँ भी खाता हूँ
फिर अवसाद में पूछता हूँ अपने आप से—
'आत्महत्या के लिए दस मिनट का साहस चाहिए
और जीवन के लिए सिर्फ़ दस सेंकड का'—
क्या अब भी यह मेरे जीवन के लिए प्रेरक वाक्य बना रह सकेगा?
यही सोचते हुए कल रात पाँच घंटे देरी से घर लौटा
मुझे लेकर किसी को कोई दुःस्वप्न नहीं था
पत्नी पुराने ब्लाऊज़ की सिलाई उधेड़ रही थी
गूँज रही थी पिता के खर्राटों की आवाज़
अप्रत्याशित काम, मुलाक़ाती, ट्रैफ़िक, आपाधापी, ख़ामख़याली
इसी तरह के सारे कारण बच्चों को भी ज्ञात हैं
अज्ञात मेरा बचपन है और मेरी स्वतंत्रता
और एक गीत की वह पंक्ति जो अब स्मृति से भी बेदख़ल हुई

कल रास्ते में तेरह साल बाद महेश मिला
मैं किसी लफड़े में नहीं पड़ना चाहता था मैंने उसे नहीं पहचाना
एक दिन असगर मिला गर्मजोशी से आगे बढ़ा
मैं डर गया, मैंने कहा—नहीं, मैं अंबुज नहीं
इसी तरह मैंने कई नाम मिटाये
कई जीवन उजाड़े, कई चेहरे और कई चित्र
एक शाम वह हत्यारा मिला जिससे मैं अपार घृणा करता था
वह निहत्था था मैं उसे मार सकता था
कम से कम थूक सकता था उस पर
लेकिन मैंने उसे नमस्कार किया और हाथ मिलाया
पड़ोसियों ने कहा मित्रों ने कहा यह तुमने ठीक किया

अब आप कौन होते हैं पूछने वाले
कि कायर होने और अपराधी होने में क्या फ़र्क़ है
वैसे भी मेरे पास वक़्त नहीं है और न ज़रूरत
कि सोचूँ—मैं मक्खी हूँ, आदमी हूँ, कबूतर हूँ या बागड़बिल्ला
चालाक हूँ या मुजरिम

सुबह के सवा आठ बज रहे हैं
प्रधानमंत्री के काव्य-प्रेम और राष्ट्रपति के उद्‌बोधन ने
एक भावुक फिल्मी गाने और सहकर्मियों के गर्वीलेपन ने
मिलजुलकर रास्तों को और तिलस्मी और धुँधला बना दिया है
मुझे इसी तिलस्म और धुंध में से होकर झंडा वंदन करने जाना है।

अन्याय

अन्याय की ज़्यादा प्रतीक्षा नहीं करनी पड़ती
वह एक दिन होता ही है
याद करोगे तो याद आयेगा कि वह रोज़ ही होता रहा है

कई बार इसलिए तुमने उस पर तवज्जो नहीं दी
कि वह किसी के द्वारा किसी और पर किया जाता रहा
कि तुम उसे एक साधारण ख़बर की तरह लेते रहे
कि उसे तुम देखते रहे और किसी मूर्ति की तरह देखते रहे
कि वह सब तरफ़ हो रहा होता है
तुम सोचते हो और चाय पीते हो कि यह नियति की बात है
और इसमें तुम्हारी कोई भूमिका नहीं है

फिर सोचोगे तो आयेगा याद कि तुमने भी
लगातार किया है अन्याय
जो ताक़त से किया या निरीह बनकर सिर्फ़ वह ही नहीं
जो तुम प्रेम की ओट लेकर करते रहे वह भी अन्याय ही था
और जो तुमने खिलते हुए फूल से मुँह फेरकर किया
और तब भी जब तुम अपनी आकांक्षाओं को अकेला छोड़ते रहे

और जब तुम चीज़ों पर अपना और सिर्फ़ अपना हक़ मानते रहे
घर में ही देखो तुमने एक पेड़ पर, पानी पर, आकाश पर,
बच्चों और स्त्री पर और ऐसी कितनी ही चीज़ों पर क़ब्ज़ा किया

इजारेदारी से बड़ा अन्याय और क्या हो सकता है

और उस तथाकथित पवित्र आंतरिक कोने में भी देखो
जिसे कोई और नहीं देख सकता तुम्हारे अलावा
वहाँ अन्याय करते रहने के चिन्ह अब भी हैं
तुमने एक बार दासता स्वीकार की थी
एक बार तुम बन बैठे थे न्यायाधीश
इस तरह भी तुमने अन्याय के कुछ बीज बोये
तुम एक बार चुप रहे थे, उसका निशाने भी दिखेगा
और उस वक़्त का भी जब तुम विजयी हुए थे

अन्याय से ही आख़िर एक दिन अनुभव होता है
कि कुछ ऐसा होना चाहिए जो न हो अन्याय
और इस तरह तुम्हारे सामने
जीवन की सबसे बड़ी जरूरत की तरह आता है–
न्याय!

स्वांतः सुखाय

जो स्वांतःसुखाय था
उसकी सबसे बड़ी कमी सिर्फ़ यह नहीं थी
कि उसे दूसरों के सुख की कोई फ़िक्र न थी

बल्कि यह थी कि वह अक्सर ही
दूसरों के सुख को
निगलता हुआ चला जाता था।

भाई

यह जो लगभग मेरी तरह दिख रहा है यही है मेरा भाई
संसार में इसकी तुलना सबसे ज़्यादा अपने भाई से होती रही
इसका भाई ही बना रहा इसका उदाहरण
कक्षा आठ की अंकसूची को ही लीजिए
वह जन्मपत्री की तरह आगामी दस साल तक मिलाई जाती रही
जैसे नौकरी का मिलान अगले तीस साल तक
और चिड़चिड़ेपन का बुढ़ापे तक होता रहा
इसकी चाल, इच्छाएँ, आलू खाने की आदत और नख़रे के ज़िक्र
इसके भाई पर ही जाकर ख़त्म हुए

इस तसवीर में इसने जो पेन्ट पहनी है इसके भाई की है
और वह कोट जो आधे दिन के लिए मिला था भाई का ही था
कई बार भाई ने अपने अपराध की जगह इसे खड़ा कर दिया
इसे माफ़ी मिली तो इसका भाई भी बच गया
हालाँकि कुछ चीज़ें अलग हुईं और ठीक विपरीत भी
जो भाई कहता रहा करता रहा उससे इसने एक दिन घृणा भी की
इस तरह इसने भाई के प्रति जताया अपना क्रोध

एक दिन इसको भी चश्मा लगा, इसके भी झड़ गए बाल
एक दिन इसके माथे पर पसीना आया तो कहा गया
इसके भाई के माथे पर भी आया था इसी तरह पसीना
अँधेरे से उजाले में इसे आते हुए देखिए

इसमें कुछ तेज़ी है लेकिन यह अपने भाई की बनक है
एक दिन उसी भाई ने इससे कहा निकलो इस घर से
तुम्हारे साथ रहना है मुश्किल
तो इसे भी लगा कि वाक़ई है मुश्किल

फिर इसने भी भाई की तरह घर बसाया खटराग पाला
पलंग, बिस्तर, मेज़, रेडियो आदि के लिए भटका
और कहीं से दीवार पर चिपकाने के लिए
एक वैसा ही बड़ा पोस्टर लाया
फिर एक दिन भाई से हिसाब-किताब किया
नये दोस्त बनाए उन्हें भाई कहा
और कहा कि मेरा भाई भाई नहीं है
फिर पिता से कहा—आप मेरे साथ रहिए

एक सपने में इसने अपने भाई को राक्षस की तरह याद किया
और सुबह उठकर रोया कि भाई को आख़िर मैंने ऐसा समझा
उसने बचपन याद किया और किशोरावस्था
उसे भाई का भाई होना याद आया
हालाँकि उसका दबदबा भी साथ चला आया
वह याद न भी रखना चाहे तब भी पूरे घर को
मुहल्ले को, पूरे शहर को और पूरे संसार को रहता ही है याद
कि इसका एक भाई है जो देखो, कैसा है
और एक यह है यहाँ—ऐसा

एक दिन उसी भाई की बहिन विधवा हो गई
तो इस भाई की बहिन भी विधवा हो गई
एक दिन भाई की माँ मरी तो इस भाई की माँ भी मर गई
एक दिन जब सब कुछ ठीक-ठाक था बच्चों ने भाई की याद दिलाई
एक दिन जब धूप थी, बारिश थी, अँधेरा था और कोई नहीं था
तो भाई आया और कहने लगा मैं यहीं बैठा हूँ तुम आराम से सो जाओ

एक दिन यही भाई भाग गया था घर से
इसी भाई के नाम पर माँ ने तीन दिन तक नहीं खाई थी रोटी
इसी भाई से रूठ गयी थी पत्नी और मारती थी ताना
एक दिन इसी से कहा था तुम ख़ुद भी कुछ कमा कर लाओ
इसी भाई के लिए जाना पड़ा था आधी रात में पुलिस स्टेशन
यही तो सेकण्ड ईयर में हो गया था फ़ेल
इसी ने घर की इज़्ज़त की रत्ती भर नहीं की थी परवाह
ख़बर भेजने पर भी जो नहीं आया था अस्पताल तक
एक दिन इसी ने पलटकर किया था वार

एक दिन जब साँस फूली, थकान हुई
तो याद आया यह भाई की थकान की तरह है
एक दिन भाई की तरफ़ से भाई ने मैदान में दौड़ लगाई
तितली पकड़ी, गेंद फेंकी, कसरत की
सब्ज़ी खरीदी, पिता को याद किया
और विदा लेते हुए चल दिया रेलवे-स्टेशन की तरफ़
यह जो दिखता है मेरी तरह जाता हुआ
भाई है।

अपने ही सर्वे के लिए कुछ सवाल

जहाँ मैं रहता हूँ वहाँ नौकरी के अलावा
और कहाँ और क्या करता हूँ काम
कौन हैं दोस्त किन्हें करता हूँ प्रेम और किनसे नफ़रत
अजनबियों को देखता हूँ किस तरह
किन जगहों पर आता-जाता हूँ हँसता-गाता हूँ
सब्ज़ी और फल बेचनेवालों को रद्दी और लोहा-लंगड़वालों को
मनिहारी की दुकानवालों को किस हद तक समझता हूँ चोर

बगल से जब निकलता है जुलूस तो उसमें किस तरह होता हूँ शामिल
अमीरी को देखता हूँ किस तरह और भिखारियों को किस तरह
साँतिए को टोटका समझता हूँ कि कला में एक परंपरा
मेरे घर में मेरी उपस्थिति मेरा हस्तक्षेप मेरी सक्रियता
शयनकक्ष के अलावा और कहाँ है
चमक-दमक देखकर किस क़दर होता हूँ दीवाना

जब हत्या का समाचार पढ़ता हूँ
तो कितनी देर बाद पी लेता हूँ शरबत
और कितनी देर बाद लग आती है भूख
अपने ऊपर बीतती है तो
हाथ से छूट तो नहीं जाती विचारधारा?

आसानी

[आधुनिक कंसंट्रेशन कैम्प]

मैं बहुसंख्यकों के मोहल्ले में रहता हूँ
तुमने भी बना ली है अपनी अलग बस्ती

मिट्टी से अलग मिट्टी
पानी से अलग पानी है

हत्यारों को
अब कितनी आसानी है!

हत्यारे की जीवनी

जनता वाचनालय में एक दिन मुझे हाथ लगी हत्यारे की जीवनी
जर्जर पीले पन्नों की वह किताब पुराने काग़ज़ की गंध से भरी हुई
उस पर ख़ून का एक छींटा भी नहीं था
आवरण पर रौनक़ थी और उस पर बना चित्र इतना सुंदर था
कि उसके लिए जँच सकता था कुछ बेहतर शीर्षक भी
जीवन में कविता की किताब खोजते हुए अचानक ही वह मुझे मिल गई
उस विशाल जनता-वाचनालय के कोने में बैठकर उसे पढ़ा मैंने
शाम से पढ़ा, रात हुई, फिर सबेरा हुआ
और ऐसा बार-बार होता रहा बीतता रहा यह जीवन

वह एक फूल के वर्णन से शुरू होती थी
तालाब किनारे सिर झुकाकर एक पेड़ के तने के नीचे से निकलती
वह बगीचे में जाती थी और आसमान की तरफ़
देखती थी कैमरामैन की निगाह से
अनगिन पेड़ों, पक्षियों और शरारतों के दृश्यों से भरपूर
वह शुरू से ही जकड़ लेती थी अपने मोह में
दरअसल वह एक मोहिनी थी लिखा गया था जिसे जीवनी की तरह
उसमें एक दिन बच्चे ने तितली को
इसलिए पकड़ लिया था कि उसके पास
सबसे अलहदा सबसे ज़्यादा सबसे सुंदर रंग थे
ऐसा ही सलूक एक बार चींटी के साथ किया गया
फिर चिड़िया के साथ और फिर क़ब्र पर रखे एक गुलदस्ते के साथ

फूल के विवरण से शुरू हुआ अध्याय
एक फूल को कोट में लगा लेने पर ख़त्म होता था

उसमें एक बच्चे का बचपन था जिसे हत्यारे का
बचपन नहीं कहा जा सकता
उसकी किशोरावस्था तो और भी ज़्यादा मदमाती थी
वह भीड़ में प्रेम करता था और बिलखता था एकांत में
वह एकांत में प्रेम करता था और उदास रहता था भीड़ में
पृष्ठ क्रमांक 184 पर उसने प्रेम करते हुए कसम खाई थी कि वह
सब कुछ बनेगा लेकिन कभी हत्यारा नहीं बनेगा
उसकी प्रेमिकाओं में से जिसने उसकी कसम पर विश्वास नहीं किया
और जो किसी आशंका में शहर छोड़कर चली गई
उसकी याद में लिखे गए थे तेईस पृष्ठ और सत्तावन पैराग्राफ़

उसमें एक कवि जैसा हृदय झाँकता था और कुछ दुर्बलताएँ भी
मसलन उसे नापसंद थे गंदगी में रहनेवाले लोग
वह संगीत से प्रेम करता था और सितार सुनने के लिए
चला जाता था बीस मील दूर तक
जब वह बाँसुरी की धुन पर सवार होकर चंद्रमा के पास पहुँचता
तो हत्या का विचार तक मन में न आता था
वह कई बार भूखा रहा और कुछ दिन गरीबी में भी बीते
एक समय वह डॉक्टर होना चाहता था
एक समय बनना चाहता था खिलाड़ी और एक समय चित्रकार
कभी-कभी नशे में वह पूरी दुनिया पर निगाह डालता था
कहता था इसे मैं अपनी तरह से बनाऊँगा

उसकी मृत्यु किसी आकस्मिकता से हुई—ऐसा इशारा मिलता है
या शायद वह बच भी गया था और आज तक बचा हुआ है
ऐसी संभावना भी उस किताब में छोड़ दी गई थी
हत्यारे की जीवनी से ही पता चली यह विलक्षण बात

कि ख़ुद उसने कभी किसी की हत्या नहीं की
उसे तो कोई हथियार चलाना भी नहीं आता था
वह सीधे-सादे ढंग से रहता था अक्सर चलता था पैदल
टोपी पहन लेता था और पूरी तरह था शाकाहारी

अपने अंत तक आते-आते वह जनता के बीच लोकप्रिय हो गया था
आख़िर में, जीवनी जहाँ ख़त्म हुई उसके बाद के खाली पृष्ठ पर
किसी पाठक ने, शायद अजीब से मज़ाक़ में, लिख दिया था–
'हत्या करने से पहले हत्यारे की जीवनी!'
यह सिर्फ़ मज़ाक़ ही तो हो सकता है
या हत्यारे की जीवनी के किसी पाठक का अपना पाठ
या मुमकिन है कि एक दिन हमें मालूम हो
कि यही है ऐतिहासिक तथ्य भी।

पूर्वजन्मों की स्मृति

सबसे पहले उसका आभास मुझे एक कलादीर्घा में हुआ
जहाँ एक तस्वीर के पीले-से रंग में
घुल गई थी दिन के ढलान की रोशनी
उससे मुझे याद आया कि मेरा भी था एक पूर्वजन्म
वह भी एक ऐसी ही, उस तेलचित्र की तरह की शाम थी
जब मैंने अपने उस जीवन से विदा ली
लेम्प-पोस्ट के नीचे इतना ही कत्थई अकेलापन था
नवंबर का महीना था और धूल पर गिरती थी ओस

अगली बार यह बीच बाज़ार में हुआ
जब मैं एक दुकान में था और पत्नी मशग़ूल थी साड़ी देखने में
अचानक आया मुझे याद कि मनुष्य की इस योनि में पड़ने से पहले
मैं एक पक्षी था मेरा एक वृक्ष था और एक नीली नदी
और हवा थी और आकाश था मैं उड़ता था जिसमें
पूर्वजन्म की स्मृति एक धुंध में से आती थी
जितना याद करते हैं उतना ही होता जाता है विस्मृत
एक आँगन दिखता है एक कुआँ एक रास्ता
एक लड़की के हवा में लहराते केश और जामुन का पेड़
घास का मैदान और एक गली का अँधेरा
अंत में मैं भीगता जाता था बारिश में

कल ही अख़बार में दाल और अनाज के भाव पढ़ते हुए

याद आया कि मेरे एक पूर्वजन्म में चीज़ें इतनी मँहगी न थीं
हरे धनिये, पुदीने के तो कोई दाम ही न थे
उस जन्म की साफ़ याद है कि मेरी माँ भी थी जीवित
उसके रोने की आवाज़ अभी भी सुनाई देती है
वहाँ हमारे पास आग थी पत्थर की चक्की और एक गुदड़ी
मिट्टी का तवा और गिरती हुई एक दीवार
घर में और कुछ नहीं था लेकिन चहल-पहल थी

अब जबकि मेरे कई जन्म हो चुके हैं
और मैं अनेक जन्मों को दे चुका हूँ जन्म
समय इतनी तेज़ी से बदल रहा है कि रोज़ ही होता है पुनर्जन्म
कल या परसों या पिछला सोमवार पुराने पड़ते जाते हैं
जो मित्र छूट गया जो दृश्य निकल गया
पखावज और सारंगी की जुगलबंदी से भरी हुई रात
सीढ़ियोंवाला तालाब, बेगम अख़्तर, जूही की कली, सरसों के फूल
ये सब जुड़ते चले जाते हैं धुंध से भरे हुए पूर्वजन्मों में।

इच्छा और जीवन

अपनी इच्छा में मैं बाँस के झुरमुट के बीच एक मचान पर रहता हूँ
यों ही घूमता फिरता हूँ उड़ता हूँ कुलाँचे भरता हूँ
कभी चिड़िया बन जाता हूँ और कभी हिरण
पेड़ तो इतनी बार बना हूँ कि पेड़ मुझे अपने जैसा ही मानते हैं
संभ्रम में कई बार मुझ पर रात में रहने चले आते हैं तोते
नदी के किनारे पत्थर बनकर सेंकता हूँ धूप

अपने जीवन में मैं मोहल्ले की तीसरी गली में रहता हूँ
गमले में उगी मीठी नीम देखता हूँ
रोज दाढ़ी बनाता हूँ आहें भरता हूँ नौकरी करता हूँ
बुख़ार आने पर खाता हूँ खिचड़ी और पेरासिटामॉल
एक झाड़ू का, पपीते का और प्लास्टिक की
बाल्टी का करता हूँ मोल भाव
खाने में पत्नी से माँगता हूँ हरी मिर्च
चंद्रमा को देखता हूँ सितारों को देखता हूँ
और इच्छाओं को इच्छा के ही जादू से
बना देता हूँ तारे।

दोस्त का फ़ोन

अमावस जैसी रात के अँधेरे में गिरती हुई
उसकी रोशन आवाज़ ने जगाया मुझे

कि यह कोई पुरानी, शायद उसके बचपन की बात है
या हो सकता है कोई सपना देखा हो या सिर्फ़ वहम ही हो
कि दुकानें लुट रहीं थीं और उन जगहों से भी धुआँ उठता था
जहाँ दूब थी और सबसे ज़्यादा गिरती थी ओस
और उन जगहों से भी जहाँ संगीत और खिसकपट्टियाँ थीं

कहने लगा पता नहीं अब बारह बजे रात तक
पान की दुकानें खुलें या न खुलें

इधर नौकरी करना भी कठिन हो गया है
और मुश्किल ही है कि कोई प्यार की निगाह डाले
और कभी-कभार पूछे कि भूखे तो नहीं हो
इधर पार्कों में बूढ़े लोग दिखाई नहीं देते
बचे हुए बच्चे खिड़कियों से देखते हैं आसमान
घर की स्त्रियाँ उन्हें टोकती भी नहीं हैं

जितनी सुहानी जगहें थीं राख से भर गई हैं
कोई जगह ख़ाली ऐसी नहीं दिखती जहाँ कुछ
बेमतलब के झाड़ उगे हों या छोटे पौधे ही हों

जिनके क़रीब जाने पर दिखे कि उनमें नीले-सफ़ेद फूल भी हैं
उसने कहा कि मैं कल ही तुमसे मिलने आना चाहता हूँ
लेकिन यह इतना कठिन है कि सिर्फ़ सोचो तो आसान लगता है
मुझे नहीं पता कुछ न कुछ करते रहने का अब क्या मतलब है
फिर भी मैं तुम्हें फ़ोन कर रहा हूँ और देर रात हो गई है

देर रात के उस अंधकार में
मैं छू सकता था उसके सिमटे उजले शब्दों को
जिनमें व्याकरण और उच्चारण की ग़लतियाँ थीं
जो भाषा के जीवित होने में और अनायासिता में और बेचैनी में होती हैं
अब मेरी विस्मृति और कल्पना भी शामिल हो रही है उनमें
लेकिन उनका अर्थ और ज़्यादा साफ़ होता जाता है

वह अपने शब्दों को आज़ादी दे चुका है
वे उसके लिए दोस्त को कह दिए गए शब्द हैं
जिन्हें अब मैं देख रहा हूँ चमकते तारों की तरह
उन कंकड़ों की तरह जिन्हें मैं
तालाबों में, पोखरों में फेंकता जाता हूँ
एक लहर उठती है
और कुछ दूर तक जाती है।

जनगीत

['इप्टा' अशोक नगर के साथियों के लिए]

जिन तीन लोगों का स्वर अच्छा नहीं है
और वे दो जो बेसुरे हैं
ये सब दूसरी तमाम आवाज़ों के साथ मिलकर
कितने सुरीले लग रहे हैं
और अब एक तूफ़ान खड़ा कर रहे हैं
उनकी उठान देखिए, वे नक्षत्रों तक पहुँच गए हैं
एक शब्द के फेंफड़ों में कितने लोग फूँक रहे हैं अपनी साँस
उस शब्द की छिपी ताक़त दिखने लगी है
सोयी हुई पंक्तियों की अँगड़ाइयों ने रच दी है नयी देहयष्टि

एक पान की दुकान से निकलकर आया है
दूसरे की आवाज़ में सीमेंट की धूल की खरखराहट है
और एक बाँसुरी जैसे शरीर में से
नगाड़े की आवाज़ पैदा कर रहा है
ज़िंदगी ने खरोंच दी है उसकी आवाज़
और उसे पता ही नहीं अब वह क्या कमाल कर रहा है

चीज़ों पर जमा धूल गिर गई है
और वे चमक रही हैं धातुओं की तरह

मनुष्य ही है जो गा सकता है गीत

दुर्दिनों के बरअक्स रखता हुआ अपने स्वप्न
कि बस अब सब कुछ ठीक होने को ही है
और इसे कोई ईश्वर वगैरह ठीक नहीं करेगा

आरोह में यह पुकार जो प्रार्थना की खाई में नहीं गिरती

यहाँ याद आती है अनायास ही गोर्की की यह बात :
'अगर तुममें वह शक्ति नहीं
और वह कुछ करने की तीव्र इच्छा नहीं
जिसकी शिक्षा देता है यह गीत
तो इसे गाने भर से कुछ नहीं मिलनेवाला!'

संगीत और शब्दों की जुगलबंदी के बहाने
यह याद दिलाने के लिए शुक्रिया
कि उठकर चलने का एक और मौक़ा
ठीक हमारे सामने है।

खाना बनातीं स्त्रियाँ

जब वे बुलबुल थीं उन्होंने खाना बनाया
फिर हीरणी होकर
फिर फूलों की डाली होकर
जब नन्ही दूब भी झूम रही थी हवाओं के साथ
जब सब तरफ़ फैली हुई थी कुनकुनी धूप
उन्होंने अपने सपनों को गूँधा
हृदयाकाश के तारे तोड़कर डाले
भीतर की कलियों का रस मिलाया
लेकिन आख़िर में उन्हें सुनाई दी थाली फेंकने की आवाज़

आपने उन्हें सुंदर कहा तो उन्होंने खाना बनाया
और डायन कहा तब भी
उन्होंने बच्चे को गर्भ में रखकर खाना बनाया
फिर बच्चे को गोद में लेकर
उन्होंने अपने सपनों के ठीक बीच में खाना बनाया
तुम्हारे सपनों में भी वे बनाती रहीं खाना
पहले तन्वंगी थीं तो खाना बनाया
फिर बेडौल होकर

वे समुद्रों से नहाकर लौटीं तो खाना बनाया
सितारों को छूकर आईं तब भी
उन्होंने कई बार सिर्फ़ एक आलू एक प्याज़ से खाना बनाया

और कितनी ही बार सिर्फ़ अपने सब्र से
दुखती कमर में, चढ़ते बुख़ार में
बाहर के तूफ़ान में
भीतर की बाढ़ में उन्होंने खाना बनाया
फिर वात्सल्य में भरकर
उन्होंने उमगकर खाना बनाया

आपने उनसे आधी रात में खाना बनवाया
बीस आदमियों का खाना बनवाया
ज्ञात-अज्ञात स्त्रियों का उदाहरण
पेश करते हुए खाना बनवाया
कई बार आँखें दिखाकर
कई बार लात लगाकर
और फिर स्त्रियोचित ठहराकर
आप चीख़े—उफ़, इतना नमक
और भूल गए उन आँसुओं को
जो जमीन पर गिरने से पहले
गिरते रहे तश्तरियों में, कटोरियों में

कभी उनका पूरा सप्ताह इस ख़ुशी में गुज़र गया
कि पिछले बुधवार बिना चीख़े-चिल्लाए
खा लिया गया था खाना
कि परसों दो बार वाह-वाह मिली
उस अतिथि का शुक्रिया
जिसने भरपेट खाया और धन्यवाद दिया
और उसका भी जिसने अभिनय के साथ ही सही
हाथ में कौर लेते ही तारीफ़ की

वे क्लर्क हुईं, अफ़सर हुईं
उन्होंने फर्राटेदार दौड़ लगाई और सितार बजाया

लेकिन हर बार उनके सामने रख दी गई एक ही कसौटी
अब वे थकान की चट्टान पर पीस रही हैं चटनी
रात की चढ़ाई पर बेल रही हैं रोटियाँ
उनके गले से, पीठ से
उनके अँधेरों से रिस रहा है पसीना
रेले बह निकले हैं पिंडलियों तक
और वे कह रही हैं यह रोटी लो
यह गरम है

उन्हें सुबह की नींद में खाना बनाना पड़ा
फिर दोपहर की नींद में
फिर रात की नींद में
और फिर नींद की नींद में उन्होंने खाना बनाया
उनके तलुओं में जमा हो गया है ख़ून
झुकने लगी है रीढ़
घुटनों पर दस्तक दे रहा है गठिया
आपने शायद ध्यान नहीं दिया है
पिछले कई दिनों से उन्होंने
बैठकर खाना बनाना शुरू कर दिया है
हालाँकि उनसे ठीक तरह से बैठा भी नहीं जाता है।

तानाशाह की पत्रकार-वार्ता

वह हत्या मानवता के लिए थी
और यह सुंदरता के लिए

वह हत्या अहिंसा के लिए थी
और यह इस महाद्वीप में शांति के लिए

वह हत्या अवज्ञाकारी नागरिक की थी
और यह ज़रूरी थी हमारे आत्मविश्वास के लिए

परसों की हत्या तो उसने ख़ुद आमंत्रित की थी
और आज सुबह आत्मरक्षा के लिए करना पड़ी

और यह अभी ठीक आपके सामने
उदाहरण के लिए!

दूरबीन

कैमरे में लगी एक दूरबीन तुम्हारा पीछा करती है
उसकी अपनी कोई राय नहीं है वह सिर्फ़ पीछा करती है
वह किसी हड़बड़ाहट या तनाव में नहीं है
यह तुम हो जो घबराहट से भर गए हो
और अपनी साँसें ठीक कर रहे हो
तुम जब पोशाक पहनकर निकलते हो
या ग़ुसलख़ाने में नग्न अपने ऊपर डालते हो पानी
वह तुम्हारे ठीक पीछे होती है यह उसका काम है

तुम्हारे भीतर की नमी और टूटे पत्तों को उसने देखा है
निर्जन, झील की लहरें, खेल का मैदान
मई की रात ग्यारह बजे की हवा की स्मृति उसे है
और वह दृश्य भी जब तुम मंच पर पसीना पोंछते थे
पुल से तुमने जो छपाक् देखी थी
उसके अभिलेखागार में वह तसवीर है
जब तुम चीख़ते हो, वमन करते हो
या अवसाद में लेट जाते हो बिस्तर पर
छत की छिपकली को देखते हो चुपचाप
वह तुम्हें उत्तेजित करती है अपने निर्विकारपन से
तुम्हारी क्रियाओं और लिपियों को वह साफ़ पढ़ती है

तुम थक चुके हो और इस रात को

अपने ऊपर से गुज़रने दे रहे हो
तुम्हारी नींद में वह जाग्रत है अपलक
तुम बचपन में पहुँच गए हो उन बातों को याद करते हो
जिन्हें किसी को बताने से अब कोई मतलब नहीं
कोई विश्वास नहीं करेगा दुनिया में ऐसा हुआ करता था
ओझल होते जा रहे समय को दिखाने के लिए
तुम इस दूरबीन का शुक्रिया अदा करते हो

तुम्हारी इस कृतज्ञता को भी वह निस्संगता से देखती है।

अपने भीतर छिपे असहमत के प्रति

मैं ज्ञात में भरोसा करता हूँ
और अज्ञात को लेकर मेरी उत्सुकता कभी कम नहीं हुई

वृक्षों ने मुझे कभी भला-बुरा नहीं कहा
बादल मुश्किलों में मेरे साथ कुछ दूर चले
चाँदनी रातों ने मेरा शिकार किया
और बार-बार इस धरती पर मुझे नये चंद्रमा दिए
नींद में से उठकर जब भी मैदान में आया
मैंने देखा तारे अपनी जगहों पर थे मुझे देखते थे
लोग मुश्किल में हुए तो उन्होंने शब्दों की तरफ़ भी देखा
तुम जानते हो यह मेरी ताक़त है

जिन्होंने मुझसे दग़ा किया वे तुम्हारे जैसे ही थे
उनकी परेशानियों, आशाओं और लालच का मुझे अंदाज़ा है
मैं उन्हें क्षमा करते हुए अपनी ग़लतियों की तरफ़ भी देखता हूँ
और यह कोई देवत्व नहीं है, बेवक़ूफ़ी तो क़तई नहीं
बस यह एक रास्ता है थोड़ा ऊबड़खाबड़
जानता हूँ उन बीमारियों के बारे में
जो भीतर ओस के जमने से पैदा हुईं हैं

मुझे दिखती है तुम्हारी दया, तसल्ली और ख़ुशी
मैं याद करता हूँ अपने खोये हुए लोगों को

और इस पल की बारूद से कठिन चट्टानों को उड़ाता हूँ
आख़िर आज की रात आत्महत्या न करने से ज़्यादा
बड़ी उम्मीद कोई क्या पैदा कर सकता है
जबकि समझने की कोशिश करनेवालों के लिए
दुनिया उतनी ही कठिन है जितनी हज़ार साल पहले थी
अबूझ, मकड़ी के जालों से भरी, बंद दरवाज़ों के साथ
तलवार से अपनी उदारता का परिचय देती

यह एक फूल है जो मैं जवाब के तौर पर तोड़ता हूँ
लेकिन यह एक दिन में ही मुरझा जाता है
मैं ज्ञात में भरोसा करता हूँ लेकिन तुम्हारी ओट में
जो कुछ है उसे जानना चाहता हूँ
एक कवि ही सबसे ज़्यादा जानता है हर चीज़ का
उत्तर फूल नहीं हो सकते हालाँकि वे ख़ूबसूरत हैं
और यहीं पास में उगे हुए हैं
तुमसे मेरा एक संबंध और बनता है :
अभी मेरी दिलचस्पी तुममें बनी हुई है।

नयी सभ्यता की मुसीबत

नयी सभ्यता ज़्यादा गोपनीयता नहीं बरत रही है
वह आसानी से दिखा देती है अपनी जंघाएँ और जबड़े
वह रौंदकर आयी है कई सभ्यताओं को
लेकिन उसका मुक़ाबला बहुत पुरानी चीज़ों से है
जिन पर लोग अभी तक विश्वास करते चले आये हैं
उसकी थकान उसकी आक्रामकता समझी जा सकती है

कई चीज़ों के विकल्प नहीं हैं
जैसे पत्थर, आग या बारिश
तो यह असफल होना नहीं है
हमें पूर्वजों के प्रति नतमस्तक होना चाहिए
(उन्हें जीवित रहने की अधिक विधियाँ ज्ञात थीं
जैसे हमें मरते चले जाने की ज़्यादा जानकारियाँ हैं)
ताड़पत्रों और हिंसक पशुओं की आवाज़ों के बीच
या नदी किनारे, घुड़साल में, पुआल पर
जन्म लेना कोई पुरातन या असभ्य काम नहीं था
अपने दाँत मत भींचो और उस न्याय के बारे में सोचो
जो उसे भी मिलना चाहिए जो माँगने नहीं आता

गणतंत्र की वर्षगाँठ या निजी ख़ुशी पर इनाम की तरह नहीं
मनुष्य के हक़ की तरह हर एक को थोड़ा आकाश चाहिए
और खाने-सोने लायक ज़मीन तो चाहिए ही चाहिए

माना कि लोग निरीह हैं लेकिन बहुत दिनों तक सह न सकेंगे
स्वतंत्रता सबसे पुराना विचार है सबसे पुरानी चाहत
तुम क्या-क्या सिखा सकती हो हमें
जबकि थूकने तक के लिए जगह नहीं बची है

तुम अपनी चालाकियों में नयी हो
लेकिन तुम्हारे पास भी एक दुकानदार की उदासी है
जितनी चीज़ों से तुमने घेर लिया है हमें
उनमें से कोई ज़रा-सा भी ज़्यादा जीवन नहीं देती
सिवाय कुछ नयी दवाइयों के
जो यों भी रोज़-रोज़ दुर्लभ होती चली जाती हैं
और एक विशाल दुनिया को अधिक लाचार बनाती हैं
हँसो मत, यह मशीन की नहीं आदमी की चीख़ है
उसे मशीन में से निकालो
घर पर बच्चे उसका इंतज़ार कर रहे हैं

हम चाहते हैं तुम हमारे साथ कुछ बेहतर सलूक करो
लेकिन जानते हैं तुम्हारी भी मुसीबत
कि इस सदी तक आते-आते तुमने
मनुष्यों की बजाय
वस्तुओं में बहुत अधिक निवेश कर दिया है।

संस्कार

अब तुम अपमानित होते हो और मुसकराते हो
यह यकायक नहीं है
यहाँ तक आने में तुमने कई बरस लिए हैं
उपदेशों, परिपत्रों, नियमों, ज़रूरतों और सुविधाओं नें
तुम्हें अनुभवी बनाया और शिक्षित किया
सबसे ज़्यादा उन्होंने जो ठीक तुम्हारे पास बैठते हैं
और अपमान को कभी अपमान नहीं कहते
बल्कि मौक़े-बेमौक़े तुम्हें समझाते हैं
कि ऐसे क्षणों में हिम्मत रखो
याद करो तुमने पहले भी कई बार सहनशीलता दिखाई है
इतनी कि मनुष्य को शोभा नहीं देती
मगर जीवन के ये बरस
मनुष्य की शोभा-यात्रा के नहीं जवाबदारियों के हैं

अब तुम खिले चाँद की तरफ़ नहीं देखते
सूखते जा रहे खेतों को, तालाबों को नहीं देखते
चिड़ियों और तोतों की उपेक्षा करते चले जाते हो
फुटपाथ पर उघाड़े बदन सोते या राह में मिलते
असहाय आदमी की तरफ़ निगाह भी नहीं उठती
मोटरसाइकिल पर तेज़ जाते बच्चे को तुम दे देते हो गाली
चमकते तारे तुम्हें पुकारते रह जाते हैं और तुम नशे के
दूसरे पहर में कुर्सी की पीठ पर सिर टिका देते हो

धीरे-धीरे तुमने इंद्रियों पर नहीं
अपनी व्यथाओं पर विजय पा ली है

तुम जान चुके हो अपमान को कहीं सिद्ध नहीं किया जा सकता
तुम्हारा क्रोध पालतू जानवर की कूँ-कूँ में बदल रहा है
तुम्हारे पास अब हर धूर्तता के लिए एक चमकदार शब्द है
आईने के सामने भी तुम खड़े रहते हो अविचलित
अब तुम्हें धूल में स्वाद आने लगा है
कोई स्त्री जब तुम्हारे सामने ढलके आँचल से गुज़रती है
तुम सोचते हो यह उसकी अभिरुचि है
जिस आदमी की नाक से ख़ून बहता है तुम उसी पर गुर्राते हो
और एक दिन समझाते हो अपने बच्चों को—
वक़्त आ चुका है कि उठ जाओ मान-अपमान से ऊपर
उन विचारों को अपने पास भी मत फटकने दो
जो तुम्हें सीधी राह से भटका देंगे अंधा बना देंगे
और यह भी नहीं देखने देंगे कि आख़िर तुम
कितना भला-चंगा जीवन गुज़ार रहे हो।

सहनशीलता : कुछ वाक्य

पृथ्वी, स्त्री, निर्धन और गुलाम
इसके कुछ विचारणीय उदाहरण हैं।

यह हर उस क़दम के ख़िलाफ़ होती है
जो उसी वक़्त ज़रूरी होता है।

इसके पक्ष में लोक कथाएँ हैं
और सर्वोच्च न्यायालय के कुछ निर्णय भी।

हर उदास चीज़ को चाहिए
कि वह चमकदार चीज़ों को बर्दाश्त करे।

इसे दीमक कहना धर्मग्रंथों, राजनीतिज्ञों
और प्रबंध निदेशकों का अपमान है।

आप पत्थर, लोहे या पेड़ से भी कुछ सीख सकते हैं,
हालाँकि आप पेड़, पत्थर या लोहा नहीं हैं।

अकेले का विरोध

तुम्हारी नींद की निश्चिंतता में
वह एक कंकड़ है
एक छोटा-सा विचार
तुम्हारी चमकदार भाषा में एक शब्द
जिस पर तुम हकलाते हो
तुम्हारे रास्ते में एक गड्ढा है
तुम्हारी तेज़ रफ़्तार के लिए दहशत
तुम्हें विचलित करता हुआ
वह इसी विराट जनसमूह में है

तुम उसे नाकुछ कहते हो
इस तरह तुम उस पर ध्यान देते हो

तुमने सितारों को जीत लिया है
आभूषणों, ग़ुलामों, मूर्तियों
और खण्डहरों को जीत लिया है
तब यह छोटी-सी बात उल्लेखनीय है
कि अभी एक आदमी है जो तुम्हारे लिए खटका है
जो अकेला है लेकिन तुम्हारे विरोध में है

तुम्हारे लिए यह इतना जानलेवा है
इतना भयानक कि एक दिन तुम उसे

मार डालने का विचार करते हो
लेकिन वह तो कंकड़ है, गड्ढा है
एक शब्द है, लोककथा है, परंपरा है।

कहीं भी कोई क़स्बा

अभी वसंत नहीं आया है
पेड़ों पर डोलते हैं पुराने पत्ते
लगातार उड़ती धूल वहाँ कुछ आराम फ़रमाती है

एक लंबी दुबली सड़क जिसके किनारे
जब-तब जँभाइयाँ लेती हैं दुकानें
यह बाज़ार है
आगे दो चौराहे
एक पर मूर्ति के लिये विवाद हुआ था
दूसरी किसी योद्धा की है
जिस पर नहीं डाली जा सकती टेढ़ी निगाह

नाई की दुकान में चौदह घंटे बजता है रेडियो
पोस्ट मास्टर और बैंक मैनेजर के घर का पता
चलता-फिरता आदमी भी बता देगा
उधर पेशाब से गलती हुयी लोकप्रिय दीवार
जिसके पार खंडहर, गुंबद और मीनारें
ए.टी.एम. ने मंदिर के क़रीब बढ़ा दी है रौनक़

आठ-दस ऑटो हैं रिक्शेवालों को लतियाते
ताँगेवालों की यूनियन फ़ेल हुई
ट्रैक्टरों, लारियों से बचकर

पैदल गुज़रते आदमी हैं खाँसते-खखारते
अभी-अभी ख़त्म हुए हैं चुनाव
दीवारों पर लिखत और फटे पोस्टर बाक़ी

गठित हुई हैं तीन नयी धार्मिक सेनाएँ
जिनकी धमक है बेरोज़गार लड़कों में

चिप्स, नमकीन और शीतल पेय की बहार है
पुस्तकालय तोड़कर निकाली हैं तीन दुकानें
अस्पताल और थाने में पुरानी दृश्यावलियाँ हैं
रात के ग्यारह बजने को हैं
आख़िरी बस आ चुकी
चाय मिल सकती है टॉकीज के पास

पुराना तालाब, बस स्टैण्ड, कान्वेंट स्कूल,
नया पंचायत भवन, एक किलोमीटर दूर ढाबा
और हनुमानजी की टेकरी
दर्शनीय स्थल हैं।

संग्रहालय

एक वस्तु जब किसी को अपना हृदय देती है
तो जीवन भर के लिये दे देती है
वह अपना शरीर भी उसको करती है समर्पित
और इतनी अंतरंग हो जाती है
कि सिर्फ़ उसी को देखकर
पहचान लिया जा सकता है आदमी को
पटरियों के किनारे या अनजान सड़कों पर
कितनी ही शिनाख़्त वस्तुओं से हुई
वस्तुओं ने लोगों को लावारिस नहीं रहने दिया

कई बार वे कहानियों के सिंहासन की तरह
या वरदान में मिली पोशाक की तरह पेश आती हैं
उन पर कोई दूसरा नहीं बैठ सकता
उन्हें कोई दूसरा नहीं पहन सकता
वे किसी को भी करुण मज़ाक़ में बदल देंगी
(कभी-कभी पत्नी गुजर गयी माँ की साड़ी पहनती है)

वस्तुएँ भी जीवितों से पाती हैं अपना जीवन
वह झोला नीला-मटमैला
बार-बार वापरने से वह
एक आदमी के शरीर का हिस्सा हो गया था
उस आदमी के साथ वह भी मर गया

और पड़ा है उधर पुराने कपड़ों के साथ निस्पंद
मैं जिस शाम भी
काँसे के कटोरे में दलिया खाता हूँ
उसे अपने आँसुओं से भरा पाता हूँ

घूमता-फिरता हूँ, संग्रहालय में चश्मा देखता हूँ
छड़ी, छाता और कुर्सी देखता हूँ
बेसाख़्ता याद आता है
कि घर में भी पीछे छूट गयीं वस्तुओं का
संग्रह होता चला जा रहा है।

शीर्ष बैठक

वह एक मुस्कराहट के साथ सभागार में प्रवेश करता है
उसने आते ही हर शख़्स को क़ब्ज़े में ले लिया है
कक्ष में बार-बार उसकी सिर्फ़ उसकी आवाज़ गूँजती है

वह विनम्र है लेकिन हर बात का उत्तर हाँ में चाहता है
धीरे-धीरे उसे घेर लिया है आँकड़ों ने
ग़ायब होने लगी है उसकी हँसी
वह चीख़ता है : मुझे यह काम दो दिन में चाहिए
और ठीक अगले ही पल तानता है मुट्ठियाँ
मानो अब मुक्केबाज़ी शुरू होने को है

अचानक वह गिड़गिड़ाने लगता है :
देखिए, आप तो मरेंगे ही, मुझे भी ठीक से नहीं रहने देंगे
फिर वह तबदील हो जाता है एक याचक में
वातानुकूलित कक्ष में सब उसके माथे पर पसीना देखते हैं
दोपहर हो चुकी है और वह ग़ुस्से में है
अब वह किसी भी तरह का व्यवहार कर सकता है
उसके पास से विचार ग़ायब होने लगे हैं
उसकी अभिव्यक्ति चार-पाँच वाक्यों में सिमट गई है
'मुझे परिणाम चाहिए'—एक मुख्य वाक्य है

उसकी कमीज़ पर चाय और दाल गिर गई है
लेकिन उसके पास इन बातों के लिए वक़्त नहीं
वह कहता है चाहे बारिश हो या भूकंप
मुझे व्यवसाय चाहिए और और और
और और व्यवसाय चाहिए
इतने भर से क्या होगा, —वह अफसोस प्रकट करता है
फिर दुख जताता है कि उसे ही हमेशा घोड़े नहीं दिये जाते
और जो दिए गये हैं वे दौड़ते नहीं

वह अगला वाक्य चाशनी में डुबोकर बोलता है
लेकिन सख़्त हो चुकी हैं उसके चेहरे की मांसपेशियाँ
उसके शब्द पग चुके हैं अनश्वर कठोरता में
हालाँकि वह अपने विद्यार्थी जीवन में सुकोमल था
ख़ुश होता था पतंगों को, चिड़ियाओं को देखकर
वह फुटबॉल भी खेलता था और दीवाना था क्रिकेट का
लेकिन अब उससे कृपया खेल, पतंग
या पक्षियों की बातें भूलकर भी न करें
उससे सिर्फ़ असंभव व्यवसाय के वायदे करें
और अब उस पर कुछ दया करें
हड़बड़ाहट में आज वह रक्तचाप की गोली खाना भूल गया है

बाहर शाम हो चुकी है पश्चिम का आसमान गुलाबी हो रहा है
पक्षी घोंसलों की तरफ़ लौट रहे हैं और हवा में संगीत है
लेकिन वह अभी कुछ घंटे और इसी सभागार में रहेगा
जिसमें पाँच सुंदर पेंटिंग्स लटकी हैं
मगर सब तरफ़ घबराहट फैली हुई है।

दुर्घटना

सलाख़ों को काटने का इंतज़ाम नहीं।
खिड़कियों में से आँखें, हाथ, पैर झाँकते हैं।
उठती हैं चीत्कारें
कोई धीमे से कराहता है।

आबादी दूर है, बारिश हो रही है।
लोगों ने कुछ को मरते देखा असहाय
कुछ को बचाया।
बारिश ने आग को फैलने नहीं दिया।

'प्रकृति अपने बच्चों को बचाती है'
-आपदा में से निकलकर आये
एक आदमी ने कहा।

पत्थर हूँ

युगों से मैं ऐसा ही हूँ—पत्थर

मेरे भीतर हज़ारों बरस हैं
और लहराता समुद्र
जो अब साँवला होकर ठोस है
वह मेरा हृदय उछलता है चंद्रमा की तरफ़
और अपने आसपास से टकराकर
गिरता है पछाड़ खाकर

जो जंगल है, धूल है, नदी है, तारे हैं
सब मेरे भीतर ही भीतर रहते हैं
मैं उन्हें जगह देता हूँ अपनी अविरल गहराइयों में
मुझे खोलना नहीं आसान
मैं इतना चुप जितना हज़ारों ग़म खाया इंसान
मेरा संगीत पत्थर हो चुका है
मुझे बजाओ मुझमें से एक पत्थर की आवाज़ आयेगी

मैं एक नीला गूमड़
वक़्त के साथ काला कठोर होता
इच्छाओं की सांद्र बेडौल आकृति

उघड़ा हुआ है मेरा कसरती बदन
चमकता है धूप में, चाँदनी में
मुझसे अधिक बेख़ौफ़ कौन होगा
मुझसे अधिक राज़दार कोई नहीं
छाती पर मुझसे अधिक वज़न रखकर
ज़िंदा रह सकता है कौन
गुम्बद में, दीवार में, मैदान में, गली में
हर जगह मैं पत्थर हूँ
यह तुम हो जो अलग-अलग नाम देते हो

लेकिन कुछ कह भी नहीं सकता मैं
अपने ही शिकंजे में कसा हुआ
देखता हूँ सब तरफ़ पत्थर की तरह चुपचाप
मैं तुम्हारी सबसे पुरानी स्मृति हूँ
पहली सभ्यता, पहला हथियार, पहली ठोकर
मैं पत्थर हूँ—मुझे मेरे नाम से पुकारो
इससे ज़्यादा मुझे कुछ नहीं चाहिए।

विकल्पहीनता

जीवन के सामने
सबसे बड़ी मुश्किल यह है
कि उम्मीद का कोई विकल्प नहीं

मृत्यु भी नहीं।

विजेता का इतिहास

कथाओं से निकला यह चेहरा
विजेता का नहीं पराजित का है

इतिहास का अजीबो-ग़रीब चरित्र है यह
इसे घेर लिया गया था
इसने आमने-सामने की लड़ाई लड़ी
यह चकमा देकर भागा
गुफाओं में, जंगलों में
अनजान आबादियों में रहा
गुरिल्लों की तरह प्रकट हुआ
फिर पकड़ा गया नदी किनारे
यह बहुत प्यासा था, पानी पी रहा था

फिर यह भाग गया प्रहरियों की नींद में से
कुछ दूर जाकर गिर पड़ा
यह ज़ख़्मी था
इसे सैनिकों ने फिर बंदी बनाया
इसके वस्त्र उतार लिये गये
डाल दिया गया बेड़ियों में
महीनों भूखा-प्यासा रखा गया
आख़िर एक दिन यह मर गया

और विजेता के जीवन का
उद्देश्य भी ख़त्म हुआ

विजेता के बारे में पढ़ते हुए
मैं पढ़ता हूँ इसी पराजित का इतिहास।

पूर्वजों की लिपि

[मुक्तिबोध जैसे पूर्वज कवियों को याद करते हुए]

कोई अपने जीवित कवियों की उतनी परवाह नहीं करता
ऐसा सदियों से होता रहा है
कवि कविता लिखते हैं और चुपचाप
अँधेरे कोनों में खिसकते जाते हैं
तुम्हारे सामने ही उन पर मुकदमे चलाए गए सज़ाएँ दी गयीं
परिधियों के तेज़ घूमते किनारों पर धकेला गया
गोदामों की सीलन और एकांत में क़ैद किया गया
बाँधा गया दृश्य-अदृश्य जंजीरों से उन पर पत्थर फेंके गए
जैसे अपराधियों पर फेंके जाते हैं, शीत लहर चल रही है
वे ठिठुरते चाँद के ठीक नीचे हैं, तारे उन्हें देखते हैं
यह ठीक है कि वे बाज़ नहीं आते
अपने दुर्दिनों में भी लिखते जाते हैं कविताएँ
और अपनी भूख पनीली चाय से मारते हैं

यकायक कोई भीड़ को चीरकर आता है
सोने की दो मुहरें फेंकता है
कवि को निरीह बनाने के कितने तरीक़े हैं आजमाये हुए
रात के सिरहाने अपना पुराना कंबल रखते हुए
कवि कहता है इस दुनिया का मैं भी छोटा-सा कारीगर हूँ
मेरे पास भी एक रंदा है, एक छैनी, एक फावड़ा

लेकिन तुम अपने मुखौटों की छीलन देखते हो
और उन्हें इज़्ज़त की एक रोटी भी नहीं देते

हर कवि के जीवन में एक समय आता है
जब उसके आसपास कोई नहीं चाहता
कि वह लिखता रहे कविताएँ
रिश्तेदार, पत्नी, बच्चे, पड़ोसी, कवि, आलोचक
उस पर करुण निगाह डालते हैं
फिर भी ज्ञात अज्ञात लोगों के लिये
वह लिखता जाता है कविताएँ

कवियों को अपने जीवन का इंतज़ाम
हमेशा कविता के बाहर करना होता है
वे उतने ही ज़्यादा जीते हैं
जितने कम कवि होते जाते हैं
कम उम्र में मारे गये कितने महाकवि
सबको पता है उनकी नाभि में अमृत है
साधारण से युद्ध में भी वे एकदम मैदान में हैं
और निष्कवच
आख़िरी तक लड़ते हुए अपने मोर्चे पर
और इस सबके लिये ख़ुद ही जबावदेह

बाद में खोज ही ली जाती है उनकी हस्तलिपि
पांडुलिपि और जल्दी मरते चले जाने की
गर्वीली लिपि
जिसमें फिर-फिर लिखी जाती हैं कविताएँ।

शरणस्थली और क़त्लगाह

जीवन में अगर चीख़ है
तो क्या बुरा है कि वह कविता में सुनायी दे
दरवाज़ा है तो उसमें से गुज़रा जा सके
चुंबन है तो होठों पर उसका स्वाद हो
यह कविता की कला है लेकिन भाषा के साथ है
उसका एक काम यह भी हो सकता है
कि वह हमें दिन के मरुस्थल या रात की सुरंग के
पार ले जाये और किसी अजायबघर में छोड़ दे

इस बीच बाज़ारों की क्यारियाँ तुम्हें लुभाती हैं
विश्वविद्यालयों के परिसर तुम्हें पुकारते हैं
राजनेता और धर्माचार्य तुम्हें
झाड़ियों में ले जाने के लिये उद्यत हैं
इतिहास पर टुकड़ों में रोशनी गिरती है
और इन्हीं के बीच से होकर कविता का रास्ता है
जो कला भी है और भाषा भी

वहीं वह बंदूक़ भी है जो जब कविता में चलती है
तो ठीक उसी वक़्त जीवन में भी चलती है
वहाँ वे फूल भी हैं जो जीवन में खिलना चाहते हैं
तो खिलते हैं कविता में भी

वहीं वह स्पर्श है जो इंद्रियों को
एक साथ उल्लसित और मूर्छित करता है

चौराहे की भीड़ को चीरते हुए जब तुम सुबह-सुबह
गुज़रते हो तो कितने बेरोज़गार
तुम्हारी तरफ़ झपटते हैं उम्मीद से
यह दो-चार दिन पुरानी बात भी नहीं है
जब एक निरीह बच्चा अपना हाथ फैलाये
तुम्हारे सामने खड़ा था और तुम उसे झिड़क रहे थे
अक्सर ही तुम्हारे घर की बाई
अपनी उतनी छोटी बेटी को एवज़ी में भेज देती है
जो बमुश्किल पहुँच पाती है सिंक की ऊँचाई तक

यदि तुम इस तंत्र का शिकार हो तब भी
तुमने उतनी दूर तक भी दौड़ नहीं लगायी है
जितनी बिल्ली को देखकर चूहा लगाता है
तुम जो कविता को शरणस्थली बनाते हो
जो कला भी है लेकिन हर बार
खुले में एक मोर्चा हो जाती है
और शरणस्थलियों को क़त्लगाह बनाती है।

वस्तुओं का न्याय

आजकल कोई भी मनुष्य
मनुष्य का प्रचार नहीं करता
कोई नहीं कहता मुझे वापरिये—मैं आदमी हूँ
यह ज़रूर होता है कि जब मैं सड़क पार करता हूँ
पेड़ के नीचे सुस्ताता हूँ या रुकता हूँ लालबत्ती पर
लपकता हुआ एक आदमी आता है कहता है
इस तरफ़ आइए, मैं आपको एक वस्तु दिखाता हूँ

मैं एक मनुष्य को छूता हूँ
वह मुस्कराता रहता है
अचानक उसमें से एक बीप सुनाई देती है
तब मालूम होता है कि वह मनुष्य नहीं, वस्तु है

फिर मेरी पहचान एक मशीन करती है
जैसे वह मेरा भार जानती है और पासंग भी
वस्तुएँ ही करती हैं मेरा न्याय
वे मेरी हर चीज़ को दो ख़ानों में रख देती है
कुल दो ख़ाने : काला या सफ़ेद
वे कहती हैं हम हमेशा सच बोलती हैं
लेकिन तुम झूठ बोल सकते हो, तुम मनुष्य हो

यदि हम झूठ बोल रही हों तो तय है
वह किसी मनुष्य का ही झूठ है।

पियानो

उसका चेहरा हमेशा उस आदमी की तरह दिखता है
जो उसे बजाता है
उसके विशाल पहलू में मनुष्य के लिये ख़ाली है एक जगह
वह जगह दिन-रात तुम्हारी प्रतीक्षा करती है

उसके संगीत को वही जगा सकता है
जिसे कुछ अंदाज़ा हो जीवन की मुश्किलों का
जो रात का गाढ़ापन, तारों की झिलमिल
और चाँद का एकांत याद रखता है

उसमें से, तुमने सुना होगा, मादक आवाज़ उठती है
जिसमें शामिल होता है अपने में खोया हुआ सा स्वर
जिसने कभी अपनी आवाज़ का सौदा नहीं किया
वही आवाज़ तुम्हें रोक लेती है बाजू पकड़कर
जैसे वह किसी धीरोदात्त का टूटता हुआ संयम है
अपनी कथा कह देने के लिये आख़िर उद्यत

उसके भीतर भी कोई संताप है और धीमे-धीमे उठती हुई उमंग
वहीं मिलेंगे तुम्हें कठिन आरोह और उदास करनेवाले कुछ अवरोह

उसे तमाम वाद्ययंत्रों के बीच देखो
वह उस राजा की तरह दिखेगा जो संगीत के पक्ष में

अपना राजपाट ठुकराकर यहाँ आ गया है
यह भी कह सकते हैं कि वह अपने होने में
जंगल में शेर की तरह है
लेकिन मैं उसे हाथी कहना पसंद करूँगा
उसकी धीर गंभीर और बिलखती आवाज़ में
गुर्राहट नहीं, अपने को रोकती, ख़ुद को पीती हुई
एक चिंघाड़ है जो भीतर के विलाप और क्रोध को
बदल देती है संगीत में

क्या तुमने वह दृश्य देखा है
जब उसके कंधे पर सिर रखकर कोई उसी में गुम हो जाता है
और वह अपना सब कुछ सौंप देता है अपनी आवाज़ को
यहाँ दिखाई दे सकती है समुद्र और हवा के खेल में उसकी दिलचस्पी

उसे कौन छुएगा?
वही, सिर्फ़ वही
जो अपनी पहचान
उसकी पहचान में खो सकता है।

आदमी जो बनना चाहता था

हर आदमी के भीतर जो वह बनना चाहता था वैसा
न बन पाने की कसक बनी ही रहती है
वह किसी बैक्टीरिया की तरह आँतों में, ख़ून में,
हड्डियों के जोड़ों में भी रह लेती है
और अक्सर पड़ी रहती है इस तरह चुपचाप
मानो उसका बने रहना ज़रूरी हो शेष जीवन के लिए

जिन्हें हम जानते हैं कलाकारों की तरह
देवताओं की तरह या अपराधियों की तरह
वे बतायेंगे कि वे बनना चाहते थे कुछ और
लेकिन कितनी चीज़ें रहीं आसपास जो उन्हें
वह सब बनाती रहीं जिसका सपना भी नहीं देखा था कभी
(ज़ाहिर है वे कोंडागाँव में, कश्मीर, लाहौर
या ब्राज़ील में होते तो कुछ और बन गये होते)

और अब कितनी मुश्किलें पेश हैं कि वे बन जायें कुछ और
घर-परिवार, क़ानून, धर्म, समाज, संयुक्त राष्ट्र संघ
सब कुछ उनके ख़िलाफ़ है
वे असहाय देखते हैं चीज़ें हो चुकी हैं गड्डमड्ड
पीले में काला, लाल में मिल चुका है नीला
उनके पोखर का पानी सूख गया है और उसमें से
झाँकते सितारे कीचड़ में ही धँस गए हैं

जो कुछ वह बनना चाहता था और वाक़ई बन गया
ऐसे किसी आदमी से बात कीजिए
वह ख़ुश और संतुष्ट आदमी की तरह कह सकता है :
हाँ, यही मेरे बचपन का सपना था
फिर एक भूला-सा स्वाद तैर जाएगा उसकी ज़बान पर
और वह जोड़ेगा—'जैसा बनना चाहता था
ठीक वैसा तो अभी बन नहीं पाया हूँ'

यह जो न बन पाना है
यह जो कुछ और बन जाना है
या यह जो बन कर भी न बन पाना है
जिसे वह कभी दुख से, बेचैनी से, संदेह से
कभी ईर्ष्या से, गर्व से या उम्मीद से देखता है
याद कर सकते हैं इस सबमें हमारा भी है कुछ हाथ
इस निर्माण में शामिल है हमारी भी कुछ मिट्टी
हमने भी डाला है कुछ पानी
इस चेहरे के शिल्प में एक सलवट है हमारे चेहरे की भी।

चाँद तुम्हारे साथ कुछ दूर तक

सिर के ऊपर आसमान में खिला है चाँद
आसपास इक्के-दुक्के तारे हौसला रखते हैं
नीचे पसरे हुए खेत, दूर पहाड़ी, एक खण्डहर
बीच में से गुज़रती सड़क जिसका कोलतार
चमकता है चाँदनी में स्निग्ध
पेड़ निश्चल हैं और पत्तियों में से हवा
ऐसे बहती है कि कहीं वे जाग न जाएँ

तुम्हें क्या याद आता है
आधी रात से ठीक पहले के इस दृश्य में ?
एक सुबह पर गिरती हुई दूसरी सुबह
एक रात पर दूसरी रात
जो घुलती जाती है चाँदनी की चमक में
अभी यह दृश्य है जो सबके लिये खुला है
इस पर नहीं है अभी किसी की कुटिल निगाह
यह जो हर बार आबादी से बस थोड़ी-सी दूरी पर है

मुझे यहाँ याद आता है अपना बचपन
और वह वक़्त जिसमें कुछ सोचा जा सकता है
इस चाँदनी की, इतने खुले की ज़रूरत मुझे हमेशा रहेगी
इन सबके बीच, ठीक चाँद के नीचे, इस उजास में
झाड़ी किनारे पेशाब करना किस क़दर आह्लादकारी है

तमाम दबावों से धीरे-धीरे मिलती है मुक्ति
फूटते हैं बुलबुले
भीगती मिट्टी से उठती है गंध
एक दूधिया रहस्य तुम्हें घेरता है
जिसे भेदने के लिए
तुम एक और क़दम आगे बढ़ाते हो

चुप्पी दृश्यों को करती जाती है मुखर
हर चीज़ तुम्हें अपने पास बुलाती है
यह सड़क है, यह पत्थरों की मेड़
यह पगडंडी
ये सब तुम्हें तुम्हारा मनुष्य होना याद दिलाते हैं
चाँद तुम्हारे साथ चलता है कुछ दूर तक।

आलू खानेवाले लोग

[वॉन गोग की पेंटिंग 'द् पॉटेटो ईटर्स' के बहाने]

वे लोग जो महज़ इतना कमा पाते हैं
कि शाम को या अक्सर देर रात को
खा पाते हैं सिर्फ़ आलू
वे जो हरदम ओझल रहते हैं सरकार की निग़ाह से

उन अमीरों और प्रशासकों की नज़र से तो वे एकदम ग़ायब
जो अपनी कमाई धर्मालयों, मदिरालयों, वेश्यालयों
भिखारियों और सामाजिक संस्थाओं में लुटाते हैं
और आयकर में छूट लेते हुए समझते हैं कि उनकी वजह से ही
दूर हो जायेगी एक दिन ग़रीबी

ये सिर्फ़ आलू खा सकनेवाले लोग इन सबसे बेख़बर
इतने गरम आलू छीलते-खाते हैं
कि उँगलियाँ और तालू जल जाते हैं
और कई बार इतनी अन्यमनस्कता से धीरे-धीरे
मानो उन्हें भूख ही न हो और जैसे-तैसे कुछ खाकर
बस, सो जाना चाहते हों अपनी थकान के बिस्तर पर

इन आलू खानेवालों को किस सूची में
किस वर्ग में, किस पायदान पर रखा जाये
ज़बकि उनकी आमदनी की गणना ही मुमकिन नहीं

कि मजदूरी में उन्हें कभी-कभी आलू दे दिए जाते हैं
या फिर कभी वे ख़ुद ही माँग लेते हैं

वे लौटते हैं आलू लेकर अक्सर चार-पाँच के झुण्ड में
जैसे ख़ुश हो गये हों आज के दिन से
उनके पास एक जर्जर कमरा है या एक बरामदा
या ढहती दीवार की ओट में कोई कोना
जिसके सहारे जलायी जा सकती है आग

कभी-कभी आदमी अकेला ही लौटता है आलू लेकर
कमीज़ की झोली में या गमछे में
उसकी चाल में कुछ तेज़ी है
ज़ाहिर है वह जा रहा है उस तरफ़
जहाँ कुछ और लोग इंतज़ार कर रहे हैं आलुओं का
तुमने कभी ऐसे आदमी को ढलते दिन की
रोशनी में गुज़रते देखा है?

यहाँ चित्रकार वेन गॉग कुछ मदद कर सकते हैं
वे बतायेंगे कि आलू खाकर गुज़ारा करनेवाले लोग
शाम को मिल जायेंगे बस्तियों के किनारों के क़रीब कहीं
मोहल्लों, गाँवों, टपरों के उन कोनों में
जहाँ पहुँचने से पहले खुले गटरों, नालियों
कीचड़ और वीरान खण्डहरों को करना होगा पार

जहाँ भ्रम हो सकता है कि अब आगे कोई मनुष्य नहीं मिलेगा
उधर ही एक जगह कहीं लटकी होगी रोशनी
जो उस जगह के अँधेरे को ठीक से देख सकने के लिए ही है
जिसमें बैठे दो-चार लोगों के चेहरे हो चुके हैं एकमएक
और लगता है वे अपने आसपास के स्याह रंग में डूबे
किसी पेंटिंग में मॉडल्स की तरह बैठे हैं

किसकी भूख का चित्र है यह ?
मेरी भूख का, आपकी भूख का ?
क्या सिर्फ़ ये लोग ही हैं जबावदार
महज़ भोगते हुए किसी पूर्वजन्म का फल
या यह हमारे इस आलीशान जन्म का प्रतिफल है
कि इनके हिस्से में रह गये हैं केवल आलू
या यह कोई पुराना चित्र है किसी यूरोपियन समाज का
जिससे अब संसार को क्या लेना-देना
जबकि सिर्फ़ आलू खानेवाले लोग दिखते ही नहीं कहीं

तब यहाँ कफ़न कहानी को याद कर लेना बुरा न होगा
वह तो हमारे ही गाँव, हमारे ही महाद्वीप की कथा है
उन बेचारे 'पोटेटो ईटर्स' का मुँह जला जा रहा है
और वे प्रतियोगियों की तरह भकोसते जा रहे हैं आलू
तो क्या इन आलू खानेवालों को सिर्फ़
गलियों में भटकते, अपना सर्वस्व कला को सौंपते
चित्रकार ही देख सकते हैं
या विरले कथाकार ?

यह अचरज की तरह लग सकता है
कि हर देश, हर भाषा, हर रंग के चित्रों में, कहानियों में
कहीं न कहीं से झाँकते हैं आलू खानेवाले लोग
हो सकता है कभी-कभी किसी तसवीर या कविता में
वे आलू की जगह झींगुर, चींटे, घास, चावल की चूरी
या गंदगी से बटोरे गये अन्न के दाने खा रहे हों
और हम सोचते हों कि चलो, अच्छा है
ये सिर्फ़ आलू खानेवाले लोग
अब हमारे समाज में नहीं रहे।

मृतकों की सूची

मृतकों की इस सूची में कितनी कमनिगाही है
कितनी ग़लतियाँ और कितनी लापरवाही

जबकि सब जानते हैं इस संसार में
एक को मारने से एक नहीं मरता
चार-छः तो तुरंत ही मर जाते हैं और दस-बीस धीरे-धीरे
जो लोग सोते हुए मारे गये उनके सपनों में
जितनी बातें थीं जितने लोग वे सब मारे गये असमय
जो जाग रहे थे उनके पास भी थीं आदमक़द इच्छाएँ
इन सबकी गिनती यहाँ छूट गई है

हालाँकि आप मनुष्यों द्वारा बापर ली गईं चीज़ों को
सिर्फ़ वस्तुएँ ही मानते आये हैं
फिर भी एक पुरानी नाव, मिट्टी का घड़ा, एक गेंद
लकड़ी की तीन पीढ़ी पुरानी कुर्सी
पीतल का हुक़्क़ा, राखदानी
और उस कत्थई ओवरकोट के लिए शोक मनाया जा सकता है
और उस क़ब्र के लिए भी जिसमें पहले से ही एक मृतक था

तितलियों की उम्र यों भी ज़्यादा नहीं होती
उन्हें मारने से किसी को कुछ हासिल नहीं हो सकता
लेकिन उन्हें इस सूची तक में जगह देने में कोताही बरती गई

वृक्षों, चिड़ियाओं, घोंघों, कुत्तों, बिल्लियों
और बकरियों का भी इंसानों के लिए एक अर्थ होता है
उन जगहों का भाषा में एक नाम है जहाँ अब हाहाकार है
और कुछ देर पहले क्रिकेट के दर्शकों का शोर था
छोटी-मोटी वनस्पतियों को भी आप भूल रहे हैं
जो अब इस मौक़ा-ए-वारदात के जीवन में नहीं रहेंगी

उन असफल कोशिशों के नाम लिखो
जो एक ने दूसरे को बचाने से ठीक पहले कीं
उन्हें कम से कम फुट नोट में दर्ज़ किया ही जाना चाहिए
यहाँ उन आँसुओं का ज़िक्र किया जा सकता है
जो सिर्फ़ जीवित मनुष्य की आँखों से ही निकलते हैं
और अपने शाप से कइयों को मारते चले जाते हैं

इस अधूरी सूची में एक दिन शामिल होंगे उनके नाम भी
जो मारने के उत्सव के बाद अपनी नींद खो देंगे
जिनकी आँखों में रेत किरकिराएगी और गले रुँध जाएँगें
पानी पीते हुए, बच्चों को प्यार करते हुए
या टूटते तारे देखते हुए जिन्हें दिखाई देंगे मरते हुए लोग
और उनके भी जो हर मारक प्रहार के बाद
ख़ुराक से तीन गुना ज़्यादा शराब पीते रहे
जो एक दिन बौखलाहट में अपनी पत्नी बच्चों को मार देंगे
और वे भी जो इस बर्बरता से सेवानिवृत्त होकर
उन पदकों से निगाह भी नही मिला सकेंगे
जो उन्हें दिये गये क्रूरतम क्षणों की याद दिलाने के लिए
जो आख़िर एक दिन समझ ही लेंगे कि क्रूरता और वीरता
दो अलग और विरोधी शब्द हैं

अंत में उनके नाम भी आयेंगे इसी असमाप्त सूची में
जो आधी रात में उठकर अपनी कनपटी पर मार लेंगे गोली।

मुश्किल तो मेरी है

सड़कों पर, सभाओं में, चौबारों में,
टी.वी. पर, ट्रेनों में, अख़बारों में,
सब तरफ़ धर्म की ध्वजाएँ

उनको क्या मुश्किल, मुश्किल तो मेरी है
मैं जो रिक्शा चलाता हूँ
मैं जो बीड़ी बनाता हूँ
मैं जो गन्ना उगाता हूँ
मैं जो ट्रैफ़िक में फँस जाता हूँ
मैं जो उधारी में पड़ जाता हूँ
मैं जो शहनाई बजाता हूँ

उनका क्या, मुश्किल तो मेरी है
मैं जो बच्चों की फ़ीस नहीं चुका पाता हूँ
मैं जो कचहरी के चक्कर लगाता हूँ
मैं जो हाट-बाज़ार में घिर जाता हूँ
मैं जो ठंडे फ़र्श पर सो जाता हूँ
मैं जो निरगुनियाँ गाता हूँ
पड़ोसी से एक कटोरी शक्कर लाता हूँ
और आसपास के सुख-दुख में शामिल होते हुए
आख़िर अपना हिन्दू-मुसलिम होना भूल जाता हूँ।

हासिल

मैं अपनी सारी लड़ाइयाँ भूल नहीं जाना चाहता
सिर्फ़ उनकी वजहों को अपनी याद में दुरुस्त करना चाहता हूँ
और सबसे ज़्यादा उलझना चाहता हूँ इस अमर सवाल से
कि जब मैं परास्त हो जाऊँगा या विजयी रहूँगा
तब दरअसल सत्ता किसके हाथ में जायेगी

सैंकड़ों सालों से देख रहा हूँ कि मेरी
छोटी-छोटी इच्छाएँ भी अक्सर पूरी नहीं हो पातीं
जैसे यदि किसी को कहूँ आततायी तो मैं चाहता हूँ कि वह
तमतमा जाये लेकिन उसे हँसते-मुस्कराते देखकर सोचता हूँ
कि शायद मैं ही ठीक से अभिव्यक्त नहीं कर पाया
इसके लिये अक्सर ही अकेले में ख़ुद से माफ़ी माँगता हूँ
और अब आज यहाँ सार्वजनिक रूप से

यों मैं इस ज़रा सी बात से भी ख़ुश हो सकता हूँ
कि मेरा शत्रु मुझे शत्रु ही माने
मौक़ा देखकर मुझ पर लपके
मैं भी उस पर पहले मौक़े पर ही झपटना चाहता हूँ
लेकिन इसे मैं अपनी कोई हिंसक इच्छा नहीं मानता
मैं चाहता हूँ कि इसे आप मेरे जीवित रहने की वजह मानें
और मुझसे लगातार कुछ उम्मीद रखें

हालाँकि मेरी एक परेशानी यह भी है कि जब मैं लड़ता हूँ
तो यकायक कोई गुण्डा, सामंत, रईस, पुजारी या एक सी.ई.ओ.
मेरा नेतृत्व करने लगता है
और मेरी मामूली इच्छाओं को तबदील कर देता है ऐसी माँगों में
जिन्हें पूरा कर भी दिया जाये तो मुझे कुछ नहीं मिलेगा
जबकि मैं इतना ही चाहता हूँ कि मुझे
साफ पानी मिलना चाहिए और बीमारी में अच्छा इलाज
और उतनी ज़मीन
जिसमें अन्न उगाने के बाद एक कोना सोने के लिए बचा रहे
या जब मैं काम करने के बाद
खाने-पीने के सामान से भरा थैला लेकर घर लौटूँ
तो इतना थका हुआ न होऊँ कि बच्चों को प्यार भी न कर सकूँ

और मुझे हमेशा हक़ चाहिए मुआवज़े नहीं

मैं कारतूस, नमक, स्वदेशी और आपात्काल की
सारी लड़ाइयाँ याद रखना चाहता हूँ
और लोगों को किसी पार्टी की सदस्यता से ही नहीं
उनके जीवन से, उनके विचारों से भी समझना चाहता हूँ
जब विचार और जीवन एक साथ सामने होंगे
तब उनसे निबटने के तरीक़े भी कुछ आसान होंगे

ग़लती केवल तब हो सकती है जब आप
अपने ही साथियों के ख़िलाफ़ हो जाते हैं
मैं ग़ल्तियों से बचना चाहता हूँ और ग़लत लड़ाइयों से
और व्यर्थ में तो मैं एक चींटी भी नहीं मारना चाहता

परंपरा से जानता हूँ जो सिंहासन पर हैं वे हत्यारे हैं
जो सर्वश्रेष्ठ हत्यारे होते हैं वे ही शासन करते आये हैं
और मुझे बड़ी फ़िक्र यह है कि इस स्थिति को पलटा कैसे जाये

जबकि रोज़ सब तरफ़ मुजरिम ही जश्न मना रहे हैं
और एक दिन उनके जश्न में
हम सब शामिल होते जाते हैं और वे भी
जो उनकी हत्या की सुपारी ले चुके हैं उसी जश्न में नाचते-गाते हैं
कि जल्दी क्या है खा-पीकर, नाच-गाकर मार देंगे
बाक़ी सोचते हैं जो जश्न मनाता है, इतना मिलनसार है
उसे उम्रदराज़ होना चाहिए

हर्ज़ नहीं अगर वे तुम्हारी हत्या कर दें
लेकिन उन्हें पता होना चाहिए कि आख़िर इससे
हासिल क्या होगा
और दरअसल यह दुनिया किसके हाथ में जायेगी!

धनुष-स्मृति

उसकी वक्रता खींच ही लेती है ध्यान

यह तो एक नाटक से पता चला कि वह एक मारक हथियार
जो हो सकता है इतना भारी भी कि उसे उठा न सके कोई महारथी
लेकिन तुरंत ही इस मिथ को एक दूसरा मिथ
कमल नाल की तरह उठाकर तोड़ देता था
और धनुष टूटने की आवाज़
मिथ टूटने की आवाज़ की तरह
फैल जाती थी दिशाओं में

सबसे पहले उसे मैंने किसी युद्ध की तसवीर में नहीं
वर्णमाला पढ़ते हुए देखा था
जिस तरह मैं बनाता हूँ 'र' और 'स'
उससे भी समझा जा सकता है मेरे ऊपर उसका असर

फिर एक दिन मैंने उसे खिलौने की तरह बनते देखा
मई की दोपहरी में पड़ोस का लड़का उसे बनाता था
उसे बनाना सीखा जा सकता था एक बार में ही
छोटा, बड़ा, जैसा बनाओ वैसा बन जाता था वह
और धनुष का ही काम करता था

फिर उसके कई नाम हुए

उसे चलाने वाले अनगिन नायक
उसकी लचक और टंकार से गूँजती रही महागाथाएँ

एक दिन मैंने उसे किसी दीवार पर टँगा देखा—जैसे जीवित
एक तीर के साथ
जिस पर लोहे का फलक था स्पंदित

फिर वह बार-बार दिखा
इंद्रधनुष में सबसे सुंदर
युवा होती भौंह में भी कम आकर्षक नहीं
शिथिल हथेली में, दंत पंक्ति में
घड़ा उठाती मानव आकृति में
पराजय में और फिर क्लांत देह में
रास्तों के मोड़ में, झुकी हुई डाल में

मैं जब-जब झुकता हूँ
अनायास उसे याद करता हूँ।

खाते-पीते आदमियों का यक़ीन

करोड़ों लोग भुगत रहे हैं ग़रीबी का अभिशाप
इस बात पर कौन खाता-पीता आदमी करेगा यक़ीन?

जो यक़ीन करते हैं वे कुछ कहते नहीं
चुपचाप कोशिश करते हैं ज़िंदा रहने की
उन्हें तो कई बार पता ही नहीं होता कि आप
ग़रीबी के बारे में आख़िर सोचते क्या हैं
और तुम्हारे सौभाग्य से उन्हें अक्सर इससे कोई मतलब भी नहीं
कि तुम उन्हें अभागा कहते हो या कामचोर
जाहिल कहते हो कि असभ्य
जबकि वे दिन-रात कुछ न कुछ बीनते बनाते रहते हैं
वे लगातार पैदल चलते हैं और कम खाते हैं

सब कहेंगे ग़रीब तो अब कोई बचा ही नहीं है
जो गाँवों में है वह किसान है या मज़े में ले रहा है अनुदान
जबरन कॉलोनियों में रहता हुआ वह शहरों का सिरदर्द है
या फिर वह अपराधी है या गुण्डा या पापी या काहिल
जो सचमुच ज़्यादा ग़रीब रहा होगा वह मर चुका है कब का

अब कोई नहीं बचा है ग़रीब–
सिर्फ़ यही एक वाक्य है
जिस पर यक़ीन कर सकते हैं खाते-पीते लोग।

कविता का दूसरा पाठ

किसी प्रतीक्षित शांत सांद्र क्षण में हम अचानक
शुरू करते हैं एक कविता का पाठ
उस पर लगे पेंसिल के निशानों से आता है याद
इसे पढ़ा जा चुका है पहले भी

पहला पाठ विस्मृति में चला गया
और यह दूसरा पाठ विस्मित कर रहा है
इस अचरज में, इस हर्ष में पहले पाठ की
कुछ गंध, कुछ स्मृति, कुछ हलचल होगी ही
भले ही वह अभी न आ रही हो याद

यह बारिश की स्मृति की तरह है
जो हर बारिश में घुलकर नयी हो जाती है
यह बादलों की स्मृति की तरह है
यह प्रेम की
और दुख की स्मृति की तरह है
जो अपने पहले पाठ में खुल नहीं पाते

दूसरे पाठ में दिखते हैं हमें हमारे ही कुछ निशान
तब करना ही होता है यक़ीन
कि इस राह को हमने पहले भी जाना समझा है
और आज किसी सुरंग में से किसी बीहड़

या किसी यात्रा में से अचानक उतरकर
यहाँ अपनी व्यग्रता और थकान में बैठ गये हैं

देर रात गये यह कविता का दूसरा पाठ है
पहले पाठ की विस्मृति
इसमें से हूक की तरह उठती है।

आविष्कार

[संध्या के लिये]

हम धूल के बादलों को पीछे छोड़ आये हैं
तूफ़ानों से गुज़रने के निशान नश्वर देह पर हैं
हमारे आगे पाँच हज़ार साल हैं अभी

दरअसल, अब समय का कोई अर्थ नहीं रह गया है

हमारे पास आकाशगंगाएँ हैं
और साथ-साथ चलते आने से यह ज़मीन और यह हवा
अँधेरे में जब हम एक-दूसरे को छूते हैं
तो प्रकाश होता है

हम चंद्रमा की तरफ़ उस निगाह से देखते हैं
जो दाग़ नहीं सुंदरता देखती है

इस चाँदनी में यह जान लेना कितना अलौकिक है
कि तुम लौकिक हो
और मैं तुम्हें अनुभव कर सकता हूँ इंद्रियों से।

राख

इसे मुट्ठी में भरकर छोड़ो
यह धीरे-धीरे झरेगी
और हथेली में, लकीरों में बची रहेगी

इसका रंग राख का रंग है
इसका वज़न राख का वज़न है
जब सारी गंध उड़ जाती हैं
तो राख की गंध बची रहती है

हर क्रूरता, अपमान, प्रेम और संपूर्णता के बाद
यही राख है
जो उड़कर आँखों में भरती है

इसे नदी में फेंक दो या खेतों में
इसे पहाड़ों पर फेंक दो या समुद्र में
यह हमेशा बनी रहती है
ख़ून में, हड्डियों में, नींद में

यह राख है अनश्वर
यह यहीं रहेगी।

आकस्मिक मृत्यु

बच्चे साँप-सीढ़ी खेल रहे हैं
जब उन्हें भूख लगेगी वे रोटी माँगेंगे
उन्हें तुम्हारे भीतर से उठती रुलाई का पता नहीं
वे मृत्यु को उस तरह नहीं जानते जैसे वयस्क जानते हैं
जब वे इसे जानेंगे तो दुख की तरह नहीं
किसी टूटी-फूटी स्मृति की तरह ही

अभी तो उन्हें खेलना होगा, खेलेंगे
रोना होगा, रोयेंगे
अचानक खिलखिला उठेंगे या ज़िद करेंगे
तुम हर हाल में अपना रोना रोकोगे
और कभी-कभी नहीं रोक पाओगे।

निराशा को याद करते हुए

निराशा में मुझे लगा था
कि अब मेरे पास ज़्यादा वक़्त नहीं
इस तरह निराशा ने मुझसे कई काम पूरे कराये

यह उन्हीं दिनों की बात है जब तारे देखकर
दिल भर आता था
और रातों को चाँदनी नष्ट कर देती थी
हर बात पर दुख होता था
हर चीज़ पर धूल जम जाती थी
और हर क्रोध अवसाद में बदल जाता था
यहीं याद आती है यह विचित्र बात
कि निराशा ने ही मुझे आशावान बनाया

अक्सर मैं अपनी निराशा को
उस प्रेमिका की तरह याद करता हूँ
जिसकी आँखें बहुत उदास थीं
और जो प्रेम के स्फुरण में काँपती थी
तो देह से लिपट-लिपट जाती थी
और इस जीवन में फिर से मोह जगाती थी।

स्मरण

घोंघा भी चलता है तो रेत में, धूल में
उसका निशान बनता है

फिर मैं तो एक मनुष्य हूँ।

यहाँ पानी चाँदनी की तरह चमकता है

मेरे पास प्रेमजन्य यह शरीर है
इसीमें रोज़ खिलते हैं फूल और यहीं झर जाते हैं

बहती हैं नीली नदियाँ और वाष्पित होती हैं
जो मिलती हैं समुद्रों में फिर गिरती हैं बारिश के साथ
यहीं है उतना निर्जन जो ज़रूरी है सृष्टि के लिए
इसीमें कोलाहल है, संगीत है और बिजलियाँ
पुकार है और चुप्पियाँ
यहीं हैं वे पत्थर जिन पर काई जमा होती है

यहीं घेर लेती हैं ख़ुशियाँ
और एक दिन बदल जाती हैं बुख़ार में

आँधियाँ चलती हैं और मेरी रेत के ढूह
उड़कर मीलों दूर फिर से बन जाते हैं
यह मेरी अनश्वरता है

यह दिन की चट्टान है जिस पर मैं बैठता हूँ
प्रतीक्षा और अंधकार। उम्मीद और पश्चाताप।
वासना और सड़क। वसंत और धुआँ।
मैं हर एक के साथ कुछ देर रहता हूँ

तारों की तरह टूटते हैं प्रतिज्ञाओं के शब्द
अंतरिक्ष में गुम होते हुए उनकी चमक भर दिखती है
चंद्रमा को मैं प्रकट करता हूँ किसी ब्लैकहोल में से
और इस तरह अपने को संसार में से गुज़ारता हूँ

यह सूर्यास्त की तसवीर है
देखनेवाला इसे सूर्योदय की भी समझ सकता है
प्रेम के वर्तुल हैं सब तरफ़
इनका कोई पहला और आखिरी सिरा नहीं
जहाँ से थाम लो वही शुरूआत
जहाँ छोड़ दो वही अंत

रेत की रात के अछोर आकाश में ये तारे
चुंबनों की तरह टिमटिमाते हैं
और आकाशगंगा मादक मद्धिम चीख़ की तरह
इस छोर से उस छोर तक फैली है

रात के अंतिम पहर में यह किस पक्षी की व्याकुलता है
किस कीड़े की किर्र किर्र चीं चिट
हर कोई इसी जनम में अपना प्रेम चाहता है
कई बार तो बिल्कुल अभी, ठीक इसी क्षण
आविष्कृत हैं इसीलिए सारी चेष्टाएँ, संकेत
और भाषाएँ

चारों तरफ़ चंचल हवा है वानस्पतिक गंध से भरी
प्रेम की स्मृति में ठहरा पानी चाँदनी की तरह चमकता है
और प्यास का वर्तमान पसरा है क्षितिज तक
तारों को देखते हुए आता है याद कि जो छूट गया
जो दूर है, अलभ्य है जो
वह भी प्रेम है
दूरी चीज़ों को टिमटिमाते नक्षत्रों में बदल देती है।।

पिताओं के बारे में कुछ छूटी हुई पंक्तियाँ

एक दिन लगभग सभी पुरुष पिता हो जाते हैं

जो नहीं होते वे भी उम्रदराज़ होकर बच्चों से, युवकों से
इस तरह पेश आने लगते हैं जैसे वे ही उनके पिता हों

पिताओं की सख़्त आवाज़ घर से बाहर कई जगहों पर
कई लोगों के सामने गिड़गिड़ाती पायी जाती है

वे ज़माने भर से क्रोध में एक अधूरा वाक्य बुदबुदाते हैं-
'यदि बाल बच्चे न होते तो मैं तुम्हारी...'

कभी कभी वे पिता होने से थक जाते हैं और चुपचाप लेटे रहते हैं

पिताओं का प्रेम तुलाओं पर माँओं के प्रेम से कम पड़ जाता है
और अदृश्य बना रहता है या फिर टिमटिमाता है अँधेरी रातों में

धीरे धीरे उन्हें जीवन के सारे मुहावरे याद हो जाते हैं
और विपत्तियों को भी वे कथाओं की तरह सुनाते हैं

एक रात वे सूचना देते हैं : 'बीमा करा लिया है'

वे बच्चों को प्यार करना चाहते हैं
लेकिन अनायास ही वे बच्चों को डाँटने लगते हैं

कभी कभी वे नाकुछ बात पर ठहाका लगाते हैं
हम देखते हैं उनके दाँत पीले पड़ने लगे हैं

धीरे धीरे झुर्रियाँ उन्हें घेर लेती हैं
वे अपनी ही खंदकों, अपने ही बीहड़ों में छिपना चाहते हैं

यकायक वे किसी कंदरा में, किसी तंद्रा में चले जाते हैं
और किसी को भी पहचानने से इंकार कर देते हैं।

पत्र लिखना

यह किसी टूटे हुए लकड़ी के पुल को ठीक करने जैसा है
जिसके नीचे की नदी भी कहीं सूखे पत्तों के नीचे बहती है

और तुम जल्दी ही जान लेते हो
इस पुल को ठीक करना उतना आसान नहीं
लकड़ियों, पटियों और रस्सियों की उम्र हो चली है
कीलें अपनी जगहों पर टिक नहीं पा रही हैं
और चार क़दम बाद ही चरमराहट की आवाज़ सुनाई देती है

अब तुम्हारे हाथ में रस्सी का एक सिरा बचा रहेगा
जिस पर तुम कुछ देर तक झूले रह सकते हो
या फिर कुछ सँभलते हुए से गिर सकते हो

उस तरफ़ से कोई आता हुआ भी नहीं दिखता
अपनी कोहनियों और हथेलियों के सहारे तुम उठते हो

और आधी रात में करवट बदलते हुए याद करते हो
कि यह चोट गिरने की नहीं
उस पुल को पार न कर पाने की है।

पुश्तैनी गाँव के लोग

वहाँ वे किसान हैं जो अब सोचते हैं मज़दूरी करना बेहतर है
जबकि मानसून भी ठीक-ठाक ही है

पार पाने के लिए उनके बच्चों में से कोई एक
दो मील दूर सड़क किनारे प्रधानमंत्री योजना में दुकान खोलेगा
और ब्याज और फ़िल्मी पोस्टरों से दुकान को भर लेगा

कोई किसी अपराध के बारे में सोचेगा
और सोचेगा कि यह भी बहुत कठिन है
लेकिन मुमकिन है वह कुछ अंजाम दे ही दे

पुराने बाशिंदों में से कोई न कोई
कभी कभार शहर की मण्डी में मिलता है
सामने पड़ने पर कहता है तुम्हें सब याद करते हैं
कभी गाँव आओ, अब तो जीप भी चलने लगी है
तुम्हारा घर गिर चुका है लेकिन हम लोग हैं

मैं उनसे कुछ नहीं कह पाता
यह भी कि घर चलो, कम से कम चाय पीकर ही जाओ
कह भी दूँ तो वे चलेंगे नहीं
एक, दूरी बहुत है और शाम से पहले उन्हें लौटना ही होगा
दूसरे, वे जानते हैं कि शहर में उनका कोई घर हो नहीं सकता।

जगमगाते हैं सितारे

आख़िर मुझे रात का चौथा पहर शरण देता है
अब आसपास कोई नहीं जो मुझे फिर से थका दे
सब तरफ़ विश्रांति है और रात की थपकी

यही है रात की सृष्टि जो जागते हुए एक आदमी को
अपने नीले अंधकार में तारे की तरह जगह देती है

मुँह उठाकर कुत्ते भौंकते हैं थोड़ी देर तक
फिर रात को पहचान लेते हैं
इधर-उधर से उठती हैं कुछ अनमनी आवाजें
और रात के पाताल में गिर जाती हैं
भागतीं है हरिणियाँ, ढुलकते हैं सप्तऋषि
ध्रुव अचल है
और तुम वृश्चिक को पहचानने की कोशिश करते हो

पूरे शहर में बिजली नहीं है
तुम देख सकतें हो रात का उफान
जो बाँहे फैलाये बिछी है सब तरफ़
यह छत, यह प्लास्टिक की कुर्सी, यह उदासी
इस रात के आगे हो रहे हैं समर्पित
और एक आदमी उसकी बाँहों में समा ही चुका है

हर कोई इस विराट के अंधकार में
घास में छिपे कीड़े की तरह ध्यानस्थ है
इस सघन तारांकित रात ने इच्छाओं को
फिर से अबोध और आदिम बना दिया है

यहाँ तुम निढाल गिरते हो उसके सीने पर
वह तुम्हें फिर से सँवारती है
तुम देखते हो कि तुममें
जगमगाते हैं सितारे।

था बेसुरा लेकिन जीवन तो था

'ध'

दिनों में धूप थी और धूल
रातें भरी हुईं थी धुएँ से

दिनचर्या बाणरहित धनुष थी

धपू धपू थी और धक्का
धमकियाँ थीं और धीरज

इसी सबके बीच में से उठती थी
हरे धनिये की ख़ुशबू!

'रे'

सबसे ज़्यादा वह अरे! अरे! में था
फिर मरे! मरे! में

जितना पूरे में उससे कम अधूरे में नहीं

रंग भूरे में और घूरे में भी
ठहरे में कुछ गहरे में

अक्सर ही वह मुट्ठी में से
रेत की तरह झरता था।

'स'
वह सबमें था
समझ में, नासमझी में
इसलिए आदि में और अंत में भी

मुस्कराहट और हँसी में

समर्थ में, असहाय में, सत् में, असत् में
इस समय में

और हमारे आधे-अधूरे सपनों में।

'ग'
भगदड़ में से भागते हुए रास्ते में गाय थी
मण्डियों ने उसे ग़ज़ब गाय बना दिया था

गमलों में फूल खिल रहे थे
और मुरझा रहे थे गमलों में ही गुमसुम

जो गया वह चला ही गया था

गुलज़ार थे गपशप के चौराहे

सबको अपना अपना गाना गाना था
लेकिन गला था कि भर आता था

इस तरह संगीत में गमक थी।

'म' 'प' नहीं थे

जैसे कभी कम्बल नहीं था
कभी पानी

बाज़ार में उपलब्ध थे
मगर मेरे पास न थे

बच्चे थे मगर माँ-बाप नहीं थे

जीवन में संगीत था बेसुरा
लेकिन जीवन तो था।

'नी'

वह नीड़ में था
जिसे पाना या बनाना सबसे मुश्किल था

फिर वह ऋण की किश्तों में था
फिर कहीं नहीं में

सुनसान में, वीरानी में
नीरवता में और नीरसता में

अंत में वह मुझे
थककर चूर हो गये शरीर की नींद में मिला

और फिर आधी रात में नींद तोड़ देनेवाली
चीख़ में।

कोशिश

कही जा सकती हैं बातें हज़ारों
यह समय फिर भी न झलकेगा पूरा
झाड़ झंखाड़ बहुत
एक आदमी से न बुहारा जायेगा
इतना कूड़ा

क्या बुहारूँ
क्या कहूँ, क्या न कहूँ ?
अच्छा है जितना झाड़ सकूँ, झाड़ूँ
जितना कह सकूँ, कहूँ

कम से कम चुप तो न रहूँ।

कुछ शहरों को याद करते हुये

अब रातें अपना काम करेंगी
झरनों की तरह मेरे ऊपर गिरेंगी
और मुझे भटकायेंगी जैसे बतायेंगी
कि यह शहर तुम्हारे लिए नया है
कभी-कभी नीम या पीपल दिखेगा दिलासा देता
फिर गलियाँ धीरे-धीरे अपनायेंगी और मेरी नसों में समा जाएँगी

कहीं कोई पोखर, घाटियाँ, बिखरे हुए से पेड़
पुल, कोलाहल से भरे चौरस्ते और उदासी
झाड़ियाँ, मैदान, एक तरफ खिले हुए फूल
गिरती ओस और टूटती पत्तियाँ
हर शहर में एक स्त्री का स्थापत्य छिपा है

इस साँवली सड़क ने मुझे बाँहों में भर लिया है
तारों की परछाइयाँ मुझ पर सुलगती गिर रही हैं
मेरे माथे पर उनके चुंबनों की बौछार है
जिनकी चमक झील में गिरकर उछलती है

छूटता ही नहीं शहरों से मेरा प्रेम
उनके भीतर से उठती है मारक पुकार
वही है जो बार-बार मुझे उनकी तरफ़ लिवाये जाती है
और उन्हें किसी मादक प्रेम की तरह
अविस्मरणीय बनाती है।

कहीं कोई ज़मीन नहीं

चारों तरफ़ से नवनिर्माण की आवाज़ें हैं

और निर्माण केवल बिल्डर कर रहे हैं
बाकी लोग सिर्फ़ बेच रहे हैं अपनी ज़मीनें
जर्जर घरों की नीलामी ही बेहतर उपाय
अब सारी ज़मीन बिल्डरों के पास है
सारी तरकीबें, अध्यात्म और दर्शन बिल्डिरों के पास

जो ख़रीद सकते हैं वे जीवित हैं
बाकी मर चुके हैं
या केवल उनकी छायाप्रतियाँ चल-फिर रही हैं

बिल्डर अब घर का विज्ञापन नहीं देते
चेतावनी देते हैं कि आज ले सको तो लो
कल से तुम सिर्फ़ बेघर रहोगे

तुम चाहते हुए भी आज उस घर की कीमत दे नहीं सकते
और परसों देखते हो कि गेहूँ की कम्बल की चश्मे की कीमत
सवाया हो गई है लेकिन उसी घर की कीमत तीन गुना
यह जादुई यथार्थवाद है या कमीनगी
कि जिस ज़मीन पर भी मैं पाँव रखता हूँ
वहाँ एक कुत्ता भौंकता है

बताता है कि वह किसी की व्यक्तिगत संपत्ति है
हर जगह में निजी होने की ताकत की सूचना बोर्ड पर लिखी है

अब कोई कवि, चित्रकार, दार्शनिक या राजनीतिज्ञ नहीं कहता
यहाँ से देखा, यह दुनिया ऐसी है और संभव है
एक बिल्डर कहता है देखो, इस ब्रॉशर में देखो,
यह दुनिया इतनी ही है, सुंदर है और सबके लिए मुमकिन नहीं

कहीं का भी मुख्यमंत्री या आवास मंत्री क्या कर सकता है
उसने ख़ुद बिल्डर से मकान लिये हैं, चंदा लिया है
और चौराहों पर हैं उनकी याराना तस्वीरें
विकास के जवाबदार दोनों एक-दूसरे को दे रहे हैं आशीर्वाद

फसलें जला दी गई हैं
सल्फास खा चुके हैं किसान
और बचे-खुचे लोग बिल्डरों से ही रोजी माँग रहे हैं
पृथ्वी बिल्डर की डायनिंग टेबल पर रखा एक अधखाया फल

किसी के पास पेशाब करने लायक ज़मीन का कोना भी नहीं
लेकिन फिलहाल यह कितना अजीब है, हास्यास्पद और निष्फल है
कि जब चौकीदारों से आँख बचाकर
इस शहर में कोई राहगीर पेशाब कर रहा होता है
तो वह किसी बिल्डर की बनती दीवार पर ही।

कई जन मित्र नहीं रह पाते हैं

कभी उनकी आँखों में एक कौंध दिखी थी
उसी ने बाँधे रखा हमें बरसों
कि बाकी अँधेरे, हम सोचते रहे
कि एक दिन उस चमक से काफ़ूर हो जायेंगे
या निकल आयेगा उनका कोई उज्ज्वल समाधान

लेकिन जैसा कि कहा गया है
पत्थर हमेशा पत्थर की तरह जीवन जीना चाहता है
और चींटी चींटी की तरह
जैसे एक सच्चा चित्रकार या गायक
चित्रकार और गायक की तरह
फिर एक दिन हम ही इस इंतज़ार से थक जाते हैं
कि आखिर वह कब तक बाज नहीं आयेगा
और तुमसे वैसा प्यार या बर्ताव करेगा
जिसकी उम्मीद उस कौंध से पैदा हुई थी

शायद ज़्यादा मुमकिन है कि उसे भी
वैसी ही कोई चमक मुझमें दिखी हो
किसी दुर्निवार प्रेम की या पागलपन की

या अँधेरे जल में गिरती रोशनी की

और अब उसे न राख दिखती हो
और न ही पानी में कोई छाया।

मैं हूँ भी और नहीं भी हूँ

[कविता-त्रयी]

1. धूप में रहना है

यदि मैं ओस जैसा हूँ तो ओस की तरह ही ठीक से रह सकता हूँ
लेकिन जीवन ऐसा है कि धूप में रहना ही पड़ता है
अब मैं धूप में हूँ और रहना इस तरह है जैसे ओस में रह रहा हूँ
यह सचमुच मुश्किल है और लोग कहते हैं कि तुम्हें जीवन में रहना नहीं आता
मैं कुछ नहीं कह सकता केवल रहने की कोशिश कर सकता हूँ
ज़्यादा तरकीबें भी नहीं हैं मेरे पास सिर्फ़ कोशिश कर सकता हूँ बार-बार
हालाँकि इस सदी में यह अभिनय जैसा भी कुछ लग सकता है

अगर मैं ओस जैसा कुछ हूँ
तो मैं चाहकर भी इसमें बहुत तब्दीली कर नहीं सकता
आलस्य क्रांति मेहनत या दुनियादारी की इसमें बहुत भूमिका नहीं
जैसा कि होता है आपके होने और मेरे होने में ही मेरी सीमा हो जाती है
और इससे असीम तकलीफ़ें पैदा होती हैं और अछोर ख़ुशियाँ भी

यह जो हताशा है असहायता है नाटक है
यह जो ठीक तरह न रह पाने की बदतमीजी, बदमगजी है या मजबूरी है
और ये मुश्किलें जो घूरे की तरह इकट्ठा हैं मेरे आसपास
दरअसल यह सब मेरे ओस जैसा होने की मुश्किलें भी हैं
लेकिन इतना असंभव तो मैं कर ही पा रहा हूँ

कि तमतमाती धूप के भीतर रहे चला जा रहा हूँ
हर कोई धूप के भीतर ओस को रहते देख नहीं सकता
इस तरह मैं हूँ भी और नहीं भी हूँ
आप मुझे सुविधा से मक्कारी से या आसानी से नज़रअंदाज कर सकते हैं

2. अपमान

वह नियमों में शामिल है और सड़क पर चलने में भी
सबसे ज़्यादा तो प्यार करने के तरीकों में
वह रोजी-रोटी की लिखित शर्त है
और अब तो कोई आपत्ति भी नहीं लेता
सब लोग दस्तख़त कर देते हैं
फिर उसे अलग से पहचानना मुश्किल होता जाता है
वह हमारे ख़ून में घुलनशील है और पानी के रंग का है
वह हर बारिश के साथ होता है और अक्सर हम
आसमान की तरफ़ देखकर भी उसकी प्रतीक्षा करते हैं

आप देख सकते हैं, यदि आपके पास चप्पलें या स्वेटर नहीं हैं
तो कोई आपको चप्पल या कपड़े नहीं देगा सिर्फ़ अपमानित करेगा
या इतना बड़ा अभियान चलायेगा और इतनी चप्पलें इतने चावल और कपड़े
इकट्ठे हो जाएँगे कि अपमान एक मेला लगाकर होगा

कहीं-कहीं वह बारीक अपठ्य अक्षरों में लिखा रहता है
और अनेक जगहों पर दरवाज़े के ठीक बाहर तख़्ती पर
ठीक से अपमान किया जा सके इसके लिए बड़ी तनख़्वाहें हैं
कुछ अपमान पैदा होते ही मिल जाते हैं कुछ न चाहने पर भी
और कुछ इसलिए कि तरक्क़ी होती रहे

वह शास्त्रोक्त है
उसके होते रहने से वध भी हो जाता है
और हत्या का कलंक भी माथे पर नहीं लगता

3. बचाव

कई जगहें हैं जहाँ मैं फँस जाता हूँ
जैसे अभी शाम सात बजे के धूमिल प्रकाश में यहाँ बैठा हूँ पार्क में
और ख़ुद को नहीं बचा पा रहा हूँ सायंकाल के आसमान से
ऐसे ही परसों घिर गया था कविता के शब्दों से

जीवन में कभी-कभी हर कोई इस तरह घिर जाता है
कि बचाव नहीं कर पाता

मैं बच नहीं सकता कि मैं चुंबनों को माया नहीं मानता
स्पर्श को और घास के फूलों को माया नहीं मानता
हर ग़लत पर मुझे क्रोध आता है और मेरे मुँह से निकलता है झाग
कभी लगता है जैसे मैं किसी दूसरे संसार में हूँ जहाँ
मारे जा चुके हैं मेरे पिता और घर पर पड़ोसियों की निग़ाह है
मैं अपनी माँ को नहीं बचा पाया
बहन, पत्नी को नहीं और बच्चों को भी नहीं
और इस तरह ख़ुद को भी नहीं

मैं फँस गया हूँ किसी अजीब से युद्ध में
जो मेरे उस मित्र को भी नहीं दिखता
जो रोज़ मेरे घर आता है चाय पीता है
और रोज़ मुझे गले लगाता है

मुझे बचाया भी नहीं जा सकता कि मेरे पक्ष में
सिर्फ़ मेरी गवाही है
जो बचा सकते हैं ख़ुद को भागकर या ज़मीन पर गिरकर
अभिनय से ताकत से या रिरियाकर
उनकी वजह से ही तो बात यहाँ तक आई है
कि दोहरी मुश्किल है : शिकारी होना होगा या शिकार

यह कोई याचना या तर्क नहीं
मौक़ा-ए-वारदात से एक सूचना है
जानते हुए भी कि मैं ख़ुद को बचा नहीं सकता
लड़ाई में अकेला पड़ गया हूँ
शर्मिन्दा नहीं हूँ
इसका भार मैंने दूसरे जीवितों पर भी छोड़ दिया है।

●●●